校园生活丛书

青少年礼仪常识

闻　珺　编著

吉林人民出版社

图书在版编目(CIP)数据

青少年礼仪常识 / 闻珺编著. -- 长春 : 吉林人民
出版社, 2012.4
　　(校园生活丛书)
　　ISBN 978-7-206-08790-5

　　Ⅰ.①青… Ⅱ.①闻… Ⅲ.①礼仪 - 青年读物②礼仪
- 少年读物 Ⅳ.①K891.26-49

中国版本图书馆CIP数据核字(2012)第068113号

青少年礼仪常识
QINGSHAONIAN LIYI CHANGSHI

编　　著:闻　珺
责任编辑:孙浩瀚　　　　　　封面设计:七　洱
吉林人民出版社出版 发行(长春市人民大街7548号　邮政编码:130022)
印　　刷:鸿鹄(唐山)印务有限公司
开　　本:670mm×950mm　　1/16
印　　张:12　　　　　　字　　数:150千字
标准书号:ISBN 978-7-206-08790-5
版　　次:2012年7月第1版　　印　　次:2023年6月第3次印刷
定　　价:45.00元

如发现印装质量问题,影响阅读,请与出版社联系调换。

目录 CONTENT 1

礼仪概述

什么是礼仪 ···001

礼仪的基本原则 ·······································003

礼仪的功能 ···004

礼仪的作用 ···006

礼仪——个人的成功之本 ······················008

做一个知书达理的人 ······························009

个人礼仪

站姿礼仪 ···012

坐姿礼仪 ···013

不同场合的坐姿 ·······································014

走姿礼仪 ···015

蹲姿礼仪 ···017

距离礼仪 ···019

目光礼仪 ···021

微笑礼仪 ···023

表情礼仪 ···025

仪表礼仪 ···026

香水礼仪 ···029

风度的养成 ···030

公共场所礼仪

出入公共场所礼仪 ···································032

购物礼仪 ···033

出游礼仪 ···034

入住酒店礼仪 ···035

观看演出和比赛的礼仪 ···························038

欣赏音乐会的礼仪 ···································045

参加会议的礼仪 ·······································047

出席酒会的礼仪 ·······································048

演讲礼仪 ···050

目录
CONTENT
2

电梯礼仪 ……………………………… 052

上下楼梯礼仪 ……………………………… 054

排队礼仪 ……………………………… 055

集会礼仪 ……………………………… 056

舞会上的礼仪 ……………………………… 057

乘车礼仪 ……………………………… 061

乘飞机礼仪 ……………………………… 066

乘火车礼仪 ……………………………… 069

行路礼仪 ……………………………… 072

学校礼仪

与同学交往的礼仪 ……………………………… 074

与老师相处的礼仪 ……………………………… 076

上课礼仪 ……………………………… 078

如何正确对待老师的批评 ……………………………… 079

向老师提意见要讲分寸 ……………………………… 080

进入老师办公室的礼仪 ……………………………… 081

如何正确对待迟到 ……………………………… 082

进出学校的礼仪 ……………………………… 083

住宿学生的基本礼仪 ……………………………… 084

食堂礼仪 ……………………………… 086

进入图书馆和阅览室的礼仪 ……………………………… 088

学生着装礼仪 ……………………………… 088

青春期与异性交往的礼仪 ……………………………… 090

家庭礼仪

家庭礼仪概述 ……………………………… 092

家庭用餐礼仪 ……………………………… 093

家宴礼仪 ……………………………… 094

孝敬父母的礼仪 ……………………………… 096

尊老敬老礼仪 ……………………………… 097

邻里相处礼仪 ……………………………… 099

祝寿礼仪 ……………………………… 101

社交礼仪

称呼礼仪 ……………………………………103

称呼禁忌 ……………………………………106

他人介绍礼仪 ………………………………107

自我介绍礼仪 ………………………………110

集体介绍礼仪 ………………………………112

名片礼仪 ……………………………………113

手势礼仪 ……………………………………118

握手礼仪 ……………………………………119

致意礼仪 ……………………………………123

鞠躬礼仪 ……………………………………124

拥抱礼仪 ……………………………………126

亲吻礼仪 ……………………………………127

脱帽礼礼仪 …………………………………129

合十礼礼仪 …………………………………130

抚胸礼礼仪 …………………………………130

吻手礼礼仪 …………………………………131

问候礼仪 ……………………………………132

寒暄礼仪 ……………………………………134

约会礼仪 ……………………………………136

邀请礼仪 ……………………………………139

拜访礼仪 ……………………………………140

迎送礼仪 ……………………………………143

致谢礼仪 ……………………………………145

倾听礼仪 ……………………………………148

打招呼礼仪 …………………………………150

交谈礼仪 ……………………………………152

谈话禁忌 ……………………………………155

谨慎开口　言多必失 ………………………156

探病礼仪 ……………………………………157

安慰礼仪 ……………………………………159

道歉礼仪 ……………………………………161

目录
CONTENT 4

馈赠礼仪 ……………………………… 163

各国过年送礼有何讲究 …………………… 167

谢绝礼仪 ……………………………… 169

座次礼仪 ……………………………… 171

如何回敬无礼 …………………………… 173

网络文明礼仪 …………………………… 174

与朋友相处的礼仪 ……………………… 176

对待残疾人的礼仪 ……………………… 178

志愿者礼仪 …………………………… 180

非言语交际技巧 ………………………… 183

电话礼仪

电话形象礼仪 …………………………… 184

电话语言礼仪 …………………………… 185

礼仪概述

什么是礼仪

礼仪是指人们在社会生活和工作中，仪容仪表、仪态举止、言语谈吐及相应仪式等方面依约定俗成的规范方式，表现律己敬人的过程。也可简述为：约定俗成的律己敬人的行为规范。相关的概念还有礼、仪、礼貌、礼节、仪式及仪容、仪表、仪态、语言、作风等。

"礼"本意是敬神，引申为敬意的通称。主要是表示敬意的态度。"仪"是礼的动作或方式，是外在形式。在现代社会交往中，所谓"礼"，是叫人尊敬和关心他人，使之合乎情理；所谓"仪"，是叫人在行为上恰如其分，使之合乎事理。

"礼"和"仪"既有区别又有联系。一方面，"礼"是内在的，是人们对自己和他人尊重、敬意的态度；而"仪"是外在的，是人们通过一定的动作、形式等表现出来的"礼"。"礼"是"仪"的本质，"仪"是"礼"的现象。另一方面，"礼"和"仪"密不可分，即内在的"礼"只有以外在的"仪"的形式表现出来。只有把"礼"和"仪"的完美形式结合并表现出来，才是完整的礼仪。

从个人修养的角度来看，礼仪可以说是一个人内在修养和素质的外在表现。从交际的角度来看，礼仪可以说是人际交往中适用的一种艺术，一种交际方式或交际方法，是人际交往中约定俗成的对人以尊重、友好的习惯做法。从传播的角度来看，礼仪可以说是在人际交往中进行相互沟通的技巧。

从团体的角度来看，礼仪是企业文化、企业精神的重要内容，是企业形象的主要附着点。但凡国际化的企业，对于礼仪都有高标准的要求，都把礼仪作为企业文化的重要内容，同时也是获得国际认证的重要软件。

从现实的角度看，我们从小就学习"见到老师要问好""别人说'谢谢'要回答'不用谢'"，其实这就属于礼仪的范畴。工作以后的一些"工作标准""行为规范"也是一种礼仪的要求，是一种更专业、更规范的礼仪。可以说，人一生的种种行为和经历都和礼仪密不可分。人几乎每天都在家、街上、工作单位或学校等地点转移，而这每个地方也都会有各自的礼仪要求和规范。

对个人而言，礼仪不仅体现了个人的教养、风度和魅力，还体现出一个人对社会的认知水准、个人学识、修养和价值。社会的飞速发展和文明程度的不断提高，以及与世界交流的日益频繁，如何体现自己有礼、有节、有度的修养和风度，已成为越来越多的人的思考。其实，现在社会的快节奏，人与人的交往大都只是流于表面，这就往往会使人们根据第一印象对一个人进行定论。所以，得体的礼仪还是非常重要的。

对集体、社会而言，礼仪往往关乎安定团结，甚至稳定、发展。对于国家而言，礼仪就更是关系国计民生、睦邻友好、国体国格的大事情。古今中外，什么"礼仪之邦""文明之都"往往都是经济发达、社会稳定的；而"蛮夷之地""荒僻之壤"向来都是国弱民衰、混沌不堪的。随着社会文明程度的逐步提高以及对外交流的日益频繁，人们更会以自己"受尊重程度"来定"感情倾向"，所以我们更应该注重礼仪的学习，以体现个人素质、国家形象。

从道德角度看，礼仪是为人处事的行为规范。从修养角度看，礼仪是人的内在素质和修养的外在表现。从审美角度看，礼仪是一种形式美，是心灵美的外化。从传播角度看，礼仪是一种信息，通过这个媒介表达出尊重友善的情意。从交际角度看，礼仪是一种技巧，交际中有效的沟通方式。从民俗角度看，礼仪是待人接物中，约定俗成的示人以尊重友善的习惯做法。从法制角度看，礼仪是维护社会秩序、治国安邦的途径之一。

礼仪无处不在，礼仪包罗万象，礼仪意义重大。作为21世纪的一员，拥有礼仪意识和掌握更多的礼仪知识是符合时代要求、顺应潮流发展的。从某种程度说，掌握礼仪已经作为一种无形资产，成为参与激烈竞争的附加值。

礼仪的基本原则

礼仪是一个完整的体系，几千年来已经无所不包，因而在对外交往和公关交往中，我们一定不能忽视它的整体性，并注意采集信息应完整，因为来宾或合作对象的性别、年龄、国籍、州籍、民族、宗教、信仰、职业都决定了他适应并喜好什么样的礼仪方式，弄错一个环节都可能招来"100－1＝0"的效果。

1.宽容的原则

即人们在交际活动中运用礼仪时，既要严于律己，更要宽以待人。宽容就是说要豁达大度、有气量、不计较、不追究。具体表现为一种胸襟，一种容纳意识和自控能力。

2.敬人的原则

即人们在社会交往中，敬人之心要长存，处处不可失敬于人，不可伤害他人的尊严，更不能侮辱对方的人格。

敬人就是尊敬他人，包括尊敬自己，维护个人乃至组织的形象。不可损人利己，这也是人的品格问题。

3.自律的原则

这是礼仪的基础和出发点。学习、应用礼仪，最重要的就是要自我要求、自我约束、自我对照、自我反省、自我检查。自律就是自我约束，按照礼仪规范严格要求自己，知道自己该做什么，不该做什么。

4.遵守的原则

在交际应酬中，每一位参与者都必须自觉、自愿地遵守礼仪，用礼仪去规范自己在交往活动中的言行举止。遵守的原则就是对行为主体提出的基本要求，更是人格素质的基本体现。遵守礼仪规范，才能赢得他人的尊重，确保交际活动达到预期的目标。

5.适度的原则

应用礼仪时要注意把握分寸，认真得体。适度就是把握分寸。礼仪是一种程序规定，而程序自身就是一种"度"。礼仪无论是表示尊敬还是热情都有一个"度"的问题，没有"度"，施礼就可能进入误区。

6.真诚的原则

运用礼仪时，务必诚信无欺，言行一致，表里如一。真诚就是在交际过程中做到诚实守信，不虚伪、不做作。交际活动作为人与人之间信息传递、情感交流、思想沟通的过程，如果缺乏真诚则不可能达到目的，更无法保证交际效果。

7.从俗的原则

由于国情、民族、文化背景的不同，必须坚持入乡随俗，与绝大多数人的习惯做法保持一致，切勿目中无人，自以为是。从俗就是指交往各方都应尊重相互之间的风俗、习惯，了解并尊重各自的禁忌，如果不注意禁忌，就会在交际中引起障碍和麻烦。

8.平等的原则

平等是礼仪的核心，即尊重交往对象，以礼相待，对任何交往对象都必须一视同仁，给予同等程度的礼遇。

礼仪是在平等的基础上形成的，是一种平等的、彼此之间的相互对待关系的体现，其核心问题是尊重以及满足相互之间获得尊重的需求。在交际活动中既要遵守平等的原则，同时也要善于理解具体条件下对方的一些行为，不应过多地挑剔对方的行为。

礼仪的功能

我国是世界文明古国之一，富有文明礼貌的优良传统，素有"礼仪之邦"的美称，几千年光辉灿烂的文化，培养了中华民族高尚的道德，也形成了一整套完善的礼仪。礼仪是一个人外在美与内在美的有机结合，是一个民族进步的标志，也是一个公民思想道德水平和文化素质的标志。在社会生活中，人们常常把礼仪看做是一个民族精神面貌和凝聚力的体现，把文明礼貌程度作为衡量一个国家和民族是否发达的标志之一；对个人而言，则是衡量道德水准和有无教养的尺度。一个人以其高雅的仪表风度、完善的语言艺术、良好的个人形象，展示自己的气质修养，赢得尊重，将是自己生活和事业成功的基础。

"礼仪"一词，最早见于《诗经》和《礼记》。"礼仪"一词在现代社会有了更加广泛的含义，其内容包括行礼仪式、礼节及仪式、风俗规定的仪式、行为规范、交往程序、礼宾次序、道德规范等。礼仪作为一种文化，是个人乃至一个民族素质的重要组成部分，是人们在社会生活中处理人际关系，用来对他人表达友谊和好感的方式。礼仪可以使一个人变得有道德，可以塑造理想的个人形象，可以使一个人的事业成功，也可以使得社会更加安定、文明、和谐。

礼仪的功能概括地说，是表示人们不同地位的相互关系和调整、处理人们相互关系的手段。礼仪的功能表现在以下几个方面：

1.尊重的功能

尊重的功能即向对方表示尊敬和敬意，同时对方也还之以礼。礼尚往来，有礼仪的交往行为，蕴含着彼此的尊敬。在人际交往中，自觉地执行礼仪规范，可以使交往双方的感情得到沟通，在向对方表示尊重、敬意的过程中，获得对方的理解和尊重。人们在交往时以礼相待，有助于加强人们之间互相尊重并建立友好合作的关系，缓和或者避免不必要的矛盾和冲突。

2.约束的功能

礼仪作为行为规范，对人们的社会行为具有很强的约束功能。礼仪一经制定和推行，久而久之，便成为了社会的习俗和社会行为规范。在社会生活中，礼仪约束着人们的态度和动机，规范着人们的行为方式，协调着人与人之间的关系，维护着社会的正常秩序，在社会交往中发挥着巨大的作用。自觉接受礼仪约束的人是成熟的标志，不接受礼仪约束的人，社会就会以道德和舆论的手段来对他加以约束，甚至以法律的手段来强迫。

3.教化的功能

礼仪以一种道德习俗的方式对全社会的每一个人发挥维护社会正常秩序的教化功能，主要表现在两个方面：一方面是礼仪的尊重和约束功能。礼仪作为一种道德习俗，对全社会的每个人都有教化功能。另一方面，礼仪的形成、礼仪的完备和凝固，会成为社会传统文化的重要组成部分，它以"传统"的力量不断地由老一辈传继给新一代，世代相继、世代相传。人们通过对礼仪的学习和应用，建立新型的人际关系，从而在交往中严于律己，宽以待人，互尊互敬，互谦互让，讲文明，懂礼貌，和睦相处，形成良好的社会风尚。在社会进步中，礼仪的教化作用具有极为重大的意义。

4.调节的功能

礼仪具有调节人际关系的功能。一方面，礼仪作为一种规范、程序以及一种文化传统，对人与人之间相互关系模式起着规范、约束和及时调整的功能；另一方面，某些礼仪形式、礼仪活动可以化解矛盾、建立新的关系模式。可见，礼仪在处理人际关系中，在发展健康、良好的人际关系中，具有重要的作用。在现代生活中，人们的相互关系错综复杂，有时会突然发生冲突，甚至会采取极端行为。礼仪有利于促使冲突各方保持冷静，缓解已经激化的矛盾，使人与人之间的感情得以沟通，建立相互尊重、彼此信任、友好合作的关系，进而有利于各项事业的发展。

礼仪的作用

现代社会中，礼仪无时不在，无处不有，渗透到日常生活的方方面面，发挥着越来越重要的作用。它对社会和个人具有多方面的重要作用，其中最主要的是：

1. 塑造高尚人格的途径

礼仪是一个国家、一个民族的文明程度，是社会风尚和道德水准的重要标志，也是一个人的思想觉悟、文化修养、精神风貌的基本体现。我国著名思想家颜元说："国尚礼则国昌，家尚礼则家大，身尚礼则身正，心尚礼则心泰。"在社会生活中，礼仪对提高道德素质，塑造高尚人格具有十分重要教育和导向作用，是一条行之有效的途径。这是因为，礼仪对人的要求包括表里两个方面，它既要求一个人要有与人为善的道德观念，又要求有优雅得体的言行举止。因此，受过良好礼仪教育或注重礼仪修养的人，其人格大多是高尚的。

2. 追求事业成功的手段

大作家塞万提斯说过："礼貌不花钱，却比什么都值钱。"有的礼仪形式看似简单，只不过是一个微笑，一声道谢，一种举手之劳，但这不起眼的表现，却可能成为我们立身处世的法宝。

通过学习礼仪，可以提高自身的道德修养和文明程度，更好地显示自身的优雅风度和良好的形象。一个彬彬有礼、言谈有致的人，在其人生道路上将会如沐春风，受到人们的尊重和赞扬，而且他自己就是一片春光，会给别人、给社会带来温暖和欢乐。礼仪教育是培养和造就成功人士的重要内容，其作用是其他形式不可替代的。

3. 打开交际大门的钥匙

一个人如果能懂得并且运用不同场合的礼仪知识，就能够更容易地与交际对象打成一片，使他们倍感亲切自然，感受到你对他们的理解和尊重，从而把你当成自己人，乐于接纳和接近你。英国大哲学家约翰·洛克认为，礼仪的作用在于使他尊重别人，和别人和得来，这对于他日后有很大的好处，他凭着这一点点成就，门路可以更宽，朋友可以更多，在这世上的造诣就可以更高，这些是他从高等艺术、导师和百科全书中学到的困难字句或真正知识所赶不上的。

4.联系人际关系的纽带

人际关系是人们通过交际活动而形成的交际者之间直接的心理关系。人际关系和谐离不开一定的情感因素，而这一情感因素的最好表达形式就是一种符合规范的礼仪。比如，作为子女，上学前向父母打个招呼，作为同事，上班见面热情的问个好，这种看似细小的礼节形式，会像一条美丽的纽带，把自己同交际对方紧密地联系在一起。礼仪在交流中的重要作用越来越突出，因为只有讲究礼仪，共同使用礼仪来规范彼此的交际活动，才能更好地表达对对方的尊重之情，增进相互间的了解和友谊。如果不讲究礼仪，即使你心里再尊重对方，也不一定会给对方留下好的印象。因为人与人之间的相互观察和了解，一般都是从礼仪开始的，因此必须遵守礼仪的规则和方式。同时，人们常常有意无意地由他人对礼仪的履行程度，以及自己所感受到的礼遇来分析和判断其中折射出的对方的心态、情感和意向，而后便会产生一定的情绪体验。讲究礼仪，可以唤起人们的沟通欲望，建立好感和信任，进而形成和谐、良好的人际关系，促进交际的成功。

5.良好社会秩序的基石

人是社会动物，需要团体生活。所以，社会生活中，必须有正常的社会秩序。可以说，社会的良好运行与稳定，社会秩序的井然有序，人际关系的协调融洽，家庭邻里的和睦安宁，都少不了人们共同遵守礼仪的规范和要求。正是因为礼仪有规范和维护的作用，人人都应自觉遵守礼仪规范，并逐步形成社会的风尚和良好的道德习惯，从而形成一种十分强大的道德力量，保证社会正常的生产和生活秩序。

6.社会发展的助力器

在现代社会中，人们常常把礼仪看做一个国家、一个民族的精神面貌和凝聚力的体现。学习礼仪、遵守礼仪，可以净化社会风气，提升个人和社会的精神品味，展示良好形象，推动精神文明建设，促进社会和谐发展。

此外，我们还可以从礼仪名言中看到礼仪的重要作用：

1. 形象意味着一切。
2. 财富隐藏在优雅举止中。
3. 做大事之人，即懂大礼之士。
4. 言谈举止改变命运。
5. 人无礼则不生，事无礼则不成，国无礼则不宁。
6. 国尚礼则国兴，家尚礼则家大，身尚礼则身正，心尚礼则心泰。
7. 大多数企业录用的是有礼节的人，而不是最能干的人。
8. 改变你的形象，就能改变你的人生。

所以，人人应该学习、运用礼仪，在律己敬人中实现我们的愿望。

礼仪——一个人的成功之本

礼仪是个人、组织外在形象与内在素质的集中体现。对于个人来说，适当的礼仪既是尊重别人，也是尊重自己的体现，在个人事业发展中起着决定性作用。对内可融洽关系，对外可树立形象，营造和谐的工作和生活环境。

礼仪贯穿于日常工作及生活交往中的点滴之中，打招呼、握手、递名片、入座等司空见惯的行为也有很多的学问与规矩。我们常常不经意间在稀松平常的事情上做出的动作可能正是不符合礼仪要求的，但正是这些被人们认为稀松平常的事却能体现出一个人的涵养。

俗话说："礼多人不怪。"懂礼节、尊礼节不仅不会被别人厌烦，相反还会使别人尊敬你、认同你、亲近你，无形之中拉近了同他人的心理距离，也为日后创造了宽松的环境，会使事情向好的方向发展，也会有个好的结果。相反，若不注重这些细节问题，就可能使人反感，甚至会使关系恶化，导致事情向坏的方向发展。所以，在把握原则问题的前提下还应注重礼节，并尽可能地遵守这些礼节，才能确保事物的正常发展。

具体来讲，首先应该注重问候语及口头语的使用，由于在一起时间久了，人们之间不再像刚相识时那么严谨，变得有些随意，见面不再问候了，谈话中还有可能不经意间带出一些粗话或口头禅，这时候从礼节上讲就是不符合规矩的，不管是陌生的人还是熟人，都应保持一定的礼节，一定程度的客气还是必要的。另外，人们在情绪激动时会口不择言，违背礼仪规范，忘记了客人与同事、上司与下属的区别，这些都违背了礼仪的要求，都会产生不良影响及后果。

正是因为礼仪在人际交往中具有不可忽视的作用，有时甚至决定事情的最终结果。所以，在现代社会，任何人都不能轻视礼仪，都应学习礼仪、讲究礼仪。

做一个知书达理的人

礼仪不是先天生成的，而是后天养成的。学习礼仪不能机械地模仿那些条条款款，它是一个人内在气质的外化。所以，从这个角度看，礼仪培养有着更深一层的含义，它需要我们从内在的道德修养做起，这样才能使自己的修养和礼节的表现和谐统一起来，达到礼仪培养的真正目的。

大家应该从以下几个方面来培养自己的礼仪。

1.加强道德修养

一个人的道德风貌如何，是通过人与人的交往表现出来的。无论何时何地，无论事大事小，都可以表现出一个人的道德水平。

首先是社会道德。从小我们就知道社会主义的基本道德要求是：爱祖国、爱人民、爱劳动、爱科学、爱社会主义。这是对大家提出的一个很广泛的要求。事实上，如诚实正直、团结互助、勤俭节约、尊老爱幼等都是社会道德的组成部分。其次就是职业道德。我们所说的职业道德，就是指从事一定职业的人，在其特定的工作中应当遵守的行为规范。医生、教师、服务人员、商人、警察，各行各业都有相应的职业道德。最后是个人生活道德，即个人行为规范。它是指在一个人的生活工作中所遵守的规范和表现出来的道德品质，它是一种高层次的道德，是人们的自觉行为。所以，只有拥有较高思想境界的人才会产生强烈的礼仪意识，不断自我完善，使自身礼仪修养不断提高。

2.注重个性、性格、能力的培养

个性是一个人所具有的本质的、稳定的心理特征。它包括个人的气质、性格和能力。个性是一个人涵养的反映，良好的个性能够塑造一个人美好的社交礼仪形象。在现代社会，要从众多竞争者中脱颖而出，拥有健康、良好的个性是非常重要的。每一个人在个性上都不相同，在与人相处的过程中，个性就自然地流露出来。

气质是表现在心理过程中的速度、强度、稳定性和内外倾向性的心理特征。气质具有恒常性和稳定性的特点，它是一个人的真正魅力所在。与容貌相比，人的气质是不受年龄制约的，气质会在一个人的言谈举止、待人接物中表现出来。因此，礼仪修养必须从培养良好的气质做起。

性格是指一个人表现在态度和行为方面的较为稳定的心理特征。稳重、坚强、寡断、懦弱等都是人的性格特征。礼仪总是在特定的人与人之间进行的，性格制约着人们之间的关系。开朗、耐心、宽容、顽强、沉着、富有幽默感的个人性格能够赢得大家的喜爱。这些健康的性格是与他人能融洽相处的一个重要条件。

能力是顺利地完成某种活动并直接影响活动效果的心理特征，能力与效果直接挂钩。所以，与他人交往的效果如何，能反映一个人的能力水平，而能力包括人的应变能力、表达能力、自控能力等。在礼仪方面，可以进一步概括为社交能力，它是其他一些能力的综合应用。

个性修养是一个长期的过程，大家应该注意明确自我形象的目标，欣赏生活中的美好事物，培养高尚情操，具有情感上的自我调节能力。

3.培养良好的心理素质

在礼仪的施行过程中要求具有良好的心理素质，保持积极的心态。没有健康的心态，就不可能在待人接物的过程中表现出热情大方、积极向上，也不能做到彬彬有礼、自尊自信。有的人虽然学习了礼仪的相关知识，但是在社交活动中却表现得畏首畏尾、缺乏自信，究其原因，就是因为没有良好的心理素质。

事实上，要拥有良好的心理素质就是要有健康向上的心理状态，对自己要有足够的信心。每个人都有自己的长处，不应该把自己的短处和别人的长处放在一起比较而妄自菲薄，要懂得挖掘自己的潜力，肯定自己，这样才能在人际交往中得到他人的认可。

我们所说的健康心理状态应该具备以下特点：能够正确认识自己，并能公正地评价别人，豁达大度；保持乐观和稳定的情绪，在工作和生活中充满热情和活力；拥有较强的事业心和目标意识，能够使自己的行为和公众的利益协调一致；能够坦然、冷静地接受所发生的事件并迅速做出应变反应；积极进取，勇于追求，意志坚强，自我克制。

4.丰富的科学文化知识

　　现代人必须懂得更多的科学文化知识，接触更多的高雅文学艺术，这是自身修养和人际交往的需要。具有一定的文学知识，能够提高理解问题的能力、语言表达能力，有助于工作上的业务洽谈等；具有一定的哲学、历史、心理学方面的知识，有助于提高认识问题、分析问题的能力，能够帮助处理生活和工作中的各种矛盾，协调各个方面的关系，掌握公众的心理；具有一定的经济学、法学的知识，有助于掌握经济规律，依法办事，提高办事能力；具有一定的美学、音乐、绘画方面的知识，能够陶冶情操，使人情趣高雅，充满活力。

　　丰富的科学文化知识是人际交往取得成功的一个基础。有了各种知识，才能使自己懂礼貌、讲礼节，思考问题才能周到详尽，处理问题才能得体妥当，也才能在当今社会中，与各种各样的人进行广泛的交流。

个人礼仪

站姿礼仪

在中华民族礼仪要求中，"站有站相，坐有坐相"是对一个人行为举止最基本的要求。有些人似乎对站姿不了解，或者以为无所谓，事实上站姿是身体语言。姿态是无声的语言，它传递信息，产生印象，表明你是否对他人、对工作、对活动有兴趣，是否尊重他人、热爱工作、重视活动，是否在意别人对你的看法。

站立是人们生活、工作及交往中最基本的举止之一。站要站得端正、稳重、自然、亲切。做到上身正直，头正目平，面带微笑，微收下颌，肩平挺胸，直腰收腹，两臂自然下垂，两腿相靠直立，两脚靠拢，脚尖呈"V"字型。女子两脚可并拢，肌肉略有收缩感。

如果站立过久，可以将左脚或右脚交替后撤一步，但上身仍须挺直，伸出的脚不可伸得太远，双腿不可叉开过大，姿势变换也不能过于频繁。

站立时，如有全身不够端正、双脚叉开过大、双脚随意乱动、无精打采、自由散漫的姿势，都会被看做不雅或失礼。

有些人总是出现错误的站姿；有的人站立时东倚西靠，身躯歪斜，脚来回移动；有的人低头、曲背、弯腰，两臂抱胸；有的人两脚交开叉站立，脚位不当；也有的人手位不当，手插裤袋，晃动身体，摆弄头发。

正确的站立姿势应该是：抬头望前，头正颈直，双目平视；挺胸收腹，肩膀向后，保持放松；脚尖分开，脚跟略微收拢，男士两腿大致与肩同宽，女士呈"丁"字形，重心落于后腿；两臂自然下垂，手指自然弯曲，双手放于身体两侧，或者双手相握，握指、握掌、握腕均可，看上去似乎有一根绳子，自上而下，把全身拉直。若站立时间较长，脚和手的姿势方向可以交换。

应当避免的站姿：

◆ 身体抖动或晃动。

◆ 双手插入衣袋或裤袋中。

◆ 双臂交叉抱于胸前。

◆ 双手或单手叉腰。

◆ 双腿交叉站立。

坐姿礼仪

在一些场合，经常看到一些人的坐姿不正确，影响个人的形象。有的女士两腿和两膝离得太远，很不雅观，有如"城门大开"，露出袜口或内裤；有的男士抖动双腿，一刻不停；有的人跷起"二郎腿"，腿跷得太高；有的人手插在衣袋里，或叉腰、托腮，或托于脑后；也有的人扭来扭去，坐不稳当，很不耐烦；甚至有的人贪图舒服，半坐半躺，形成瘫坐。

中国古代就对坐姿十分讲究。要求坐姿与周围环境协调一致，与自己的身份相称。所谓"坐如钟"，"站有站相，坐有坐相"。若处于庄严的环境，则要整理风纪，正襟危坐；若处于宴请场合，则尽量身体前倾，方便进餐；若人在休闲之时，身体方可稍向后坐。

入座时应保持身体前倾、腰背挺直，上身姿势与站立姿态基本相同，目光平视前方或朝向交谈对象。坐沙发时，最好坐在沙发进深的八九成，不要显得满溢，身体不能"陷"在里面。女士应用手把裙子向前拢一下，女士两膝并拢，自然弯曲，不可分开，腿放中间或左右斜向两侧，身体形状分别呈"12点半钟""4点钟"和"8点钟"。入座时姿态也可以跷腿，但不要太前、太高，两腿也必须合拢，裙子下摆要小心盖住膝盖，不得露出袜口甚至内裤。入座时腿部姿势可以变换，但两膝应合拢不可分开。双手既可采用站立时的姿态，也可放在膝部或者沙发、椅子的扶手处。在正式场合，或有位尊者在座时，不能坐满座位，一般只占座位的2/3。两手掌心向下，叠放在两腿之上，两腿自然弯曲，小腿与地面基本垂直，两脚平落地面，两膝间的距离，男子以松开一拳或二拳为宜。非正式场合，允许坐定后双腿叠放或斜放，交叉叠放时，力求做到膝部以上并拢。

坐姿正确，还应当是在允许入座时，方可入座，这就要求在适当之时、合礼之处。比如，不应先于主人、主宾入座，除非你自己就是主人或主宾；不能在迎送、问候、介绍、握手、交换名片时坐着不动；入座时也要养成整理衣饰、轻轻坐下的好习惯。

无论哪一种坐姿，都要自然放松，面带微笑。在社交场合，不可仰头靠在座位背上或低着头注视地面；身体不可前俯后仰或歪向一侧；双手不应有多余的动作。双腿不宜分开过大，也不要把小腿放在大腿上，更不要把两腿直伸开去或反复不断的抖动。这些都是缺乏教养和傲慢的表现。

不同场合的坐姿

●双腿交叉的"语言"

在社交活动中，身体语言的魅力不亚于声音。两个人并排坐在一起的时候，双腿交叉的方向也意味深长。如果他们相互友好，那么他们会在无意中将架在上面的腿朝向对方，这样他们的上身就离得更近；如果并不友好，他们的嘴巴里可能进行着热烈的交谈，他们的腿却将内心的不满暴露出来，双腿交叉时，他们会将架在上面的腿转向相反的方向，身体也借以偏离。

●餐厅就餐时的坐姿

最得体的入座方式是从左侧入座。当椅子被拉开后，身体在几乎碰到桌子的距离站直，领位者会把椅子推进来，腿弯碰到后面的椅子时，就可以坐下来了。就座后，坐姿应端正，上身可以轻靠椅背。不要用手托腮或双臂放在桌上。不要频频离席，或挪动座椅。用餐时，上臂和背部要靠到椅背，腹部和桌子保持约一个拳头的距离。两脚交叉的坐姿最好避免。

●穿着牛仔裤时的坐姿

牛仔裤是目前一般青少年所喜爱的穿着，既显得年轻帅气又轻快方便，除了正式的场合不宜穿着外，其他活动如参加生日庆祝或郊游旅行等，均十分轻快自在。但不能因穿着简单的牛仔裤而忽略了坐姿。穿牛仔裤的坐法为：首先身体侧坐，一脚支撑身体的重量，另一脚的足踝靠在这脚的脚尖上。也可以采取盘坐的方式，两脚交叉盘坐，脚尖朝上，两手自然地摆在膝盖上。如果坐沙发椅，就可不必太拘束，顺其自然地坐着，保持优雅的坐姿即可。

●面试中的站与坐

在陌生的主考官面前坐、立、行等动作姿势正确雅观，不仅表现出自己成熟庄重，而且给人以有教养、有知识、有礼貌的印象。在面试中，要有意识地控制平常生活中的一些不雅动作和不良习惯。具体说来，要注意以下几点：

（1）站立是求职过程中最基本的举止。站立时身形应当正直，两肩相平，双臂自然下垂于身体两侧，双腿立直，脚跟相靠，两脚尖张开约60°，如果叉得太开是不雅观的。

（2）坐在主考人员指定的座位上，不要挪动已经安排好的椅子的位置。入座时要轻、稳、缓。一般从椅子的左边入座，离座时也要从椅子左边离开。背后有靠背时，也不能随意地把头向后仰靠，显出很懒散的样子。就座以后，不能两腿摇晃，或者一条腿放在另一条腿上。双腿要自然并拢，不宜分得很开，女性尤为注意。

（3）小动作往往令主考人反感。要切忌出现以下动作：玩弄衣带、发辫、香烟盒、笔、纸片、手帕等分散注意力的物品；玩手指、抠指甲、抓头发、挠头皮、抠鼻孔；跷起二郎腿乱抖；用脚敲踏地面；双手托下巴；说话时用手掩着口；摇摆下腿等。

走姿礼仪

走是我们在生活中最常见的动作，走姿属于一种动态的美。走姿又称步态。走姿要求"行如风"，是指人行走时，如风行水上，有一种轻快、自然的美。

古语说："行如风。"中国古代既重坐相也重走相，甚至从姿势和速度上对行走进行了分类："足进为行，徐行为步，疾行为趋，疾趋为走。"同时，不同场合采用不同走相，才符合礼貌的要求。有所谓："室中之时，堂上之行，堂下之步，门外之趋，中庭之走，大路之奔。"

"趋"是快步行走，是中国古代对尊、长、贵、宾者表示尊敬的一种行走的式样。

现今人际交往场合中，同样要求走姿自信。最能够也是最常表现人的精神面貌的姿态当属走姿。由走姿别人可以了解你的状态是否积极、热情。

人们走路的样子千姿百态、各不相同，给人的感觉也有很大的差别。有的步伐矫健、轻松灵活、富有弹性，令人精神振奋；有的步伐稳健、端庄、自然、大方，给人以沉着、庄重、斯文之感；有的步伐雄壮、铿锵有力，给人以英武、勇敢、无畏的印象；有的步伐轻盈、敏捷，给人以轻巧、欢悦、柔和之感。但也有的人不重视步态美，行路时弯腰驼背、低头无神、步履蹒跚，给人以倦怠、老态龙钟的感觉；还有的人摇着八字脚，晃着"鸭子步"，这些步态都十分难看。走姿的基本要求应是从容、平稳，应走出直线。

不正确的走姿，如奇形怪状、脚步拖沓、步履迟缓、勾肩搭背、东倒西歪、弯腰驼背、懒散怪异等，当然让人看起来无精打采，没有自信，缺乏风度。当然我们不可能像模特般地训练，但也应注意养成良好的行走姿势。良好的走姿应当身体直立、收腹直腰、两眼平视前方，双臂放松地在身体两侧自然摆动，脚尖微向外或向正前方伸出，跨步均匀，两脚之间相距约一只脚到一只半脚，步伐稳健，步履自然，要有节奏感。起步时，身体微向前倾，身体重心落于前脚掌，行走中身体的重心要随着移动的脚步不断向前过渡，而不要让重心停留在后脚，并注意在前脚着地和后脚离地时伸直膝部。妇女穿长裙或旗袍行走时，步幅应小，步速要紧，这样更具美感。如果行走姿势健康优美，你会发现你的身体会被拉长、曲线更加优美。走姿正确非一日之功，要靠自我约束、长期养成。

重要场合，要避免多人一起并排行走。如遇领导、贵宾、尊长，应礼让先行。上下楼梯时，不要一步并作几步踏多级台阶，也不要奔跑抢道；要尽量沿里侧行进，留出扶手一边，让给他人如尊长或事情紧急者使用。进出电梯时，一般应遵循先到先行和先出后进的原则。

一、走姿礼仪的基本要领

1.行走时，上身应保持挺拔的身姿，双肩保持平稳，双臂自然摆动，幅度为手臂距离身体30～40厘米为宜。

2.腿部应是大腿带动小腿，脚跟先着地，保持步态平稳。

3.步伐均匀、节奏流畅会使人显得精神饱满、神采奕奕。

4.步幅的大小应根据身高、着装与场合的不同而有所调整。

5.女性在穿裙装、旗袍或高跟鞋时，步幅应小一些；相反，穿休闲长裤时步伐就可以大些，凸显穿着者的靓丽与活泼。女性在穿高跟鞋时尤其要注意膝关节的挺直，否则会给人"登山步"的感觉，有失美观。

二、走姿礼仪的注意事项

1.低头看脚尖：心事重重，萎靡不振。

2.拖脚走：未老先衰，暮气沉沉。

3.跳着走：心浮气躁。

4.不要走出内/外八字。

5.摇头晃脑，晃臂扭腰；左顾右盼，瞻前顾后，会被误解，特别是在公共场合很容易给自己招惹麻烦。

6.走路时大半个身子前倾，这样不仅动作不美观，又有损健康。

7.行走时不要与其他人相距过近，与他人发生身体碰撞。

8.行走时尾随于其他人身后，甚至对其窥视围观或指指点点，此举会被视为侵犯人权或人身侮辱。

9.行走时速度不要过快或过慢，以致于对周围人造成不良的影响。

10.不要边行走，边吃喝。

11.不要与早已成年的同性行走时勾肩搭背，搂搂抱抱。

蹲姿礼仪

通常人们对掉在地上的东西，一般是习惯弯腰或蹲下将其拾起。在欧美国家，人们认为"蹲"这个动作是不雅观的，所以只有在非常必要的时候才蹲下来做某件事情。这说明在日常交际活动中，我们必须注重一些蹲姿礼仪。正确的蹲姿应尽量迅速、保持美观、大方、端庄。

在各种人体体态中，蹲姿与站姿、坐姿及走姿既有联系又有区别。蹲姿和坐姿都由站立和行进的姿势变化而来，都处于相对静止状态。但站姿体位最高，走姿、坐姿其次，蹲姿体位最低。相对而言，站姿、坐姿及走姿适用于职业场合和正式场合，而蹲姿一般适用于休闲场合和部分职业场合。现代社会对蹲姿提出了更新和更高的要求，虽然蹲姿往往被人们所忽视。

●基本蹲姿要求

1.下蹲拾物时，应自然、得体、大方，不遮遮掩掩。

2.下蹲时，两腿合力支撑身体，避免滑倒。

3.下蹲时，应使头、胸、膝关节在一个角度上，使蹲姿优美。

4.女士无论采用哪种蹲姿，都要将腿靠紧，臀部向下。

●蹲姿禁忌

1.弯腰捡拾物品时，两腿叉开，臀部向后撅起，是不雅观的姿态。两腿展开平衡下蹲，其姿态也不优雅。

2.下蹲时注意内衣不可以露，不可以透。

●蹲姿三要点

迅速、美观、大方。若用右手捡东西，可以先走到东西的左边，右脚向后退半步后再蹲下来。脊背保持挺直，臀部一定要蹲下来，避免弯腰翘臀的姿势。男士两腿间可留有适当的缝隙，女士则要两腿并紧，穿旗袍或短裙时需更加留意，以免尴尬。

●常见蹲恣

1.高低式蹲姿

男性在选用这一方式时往往更为方便。其要求是：下蹲时，双腿不并在一起，而是左脚在前，右脚稍后。左脚应完全着地，小腿基本垂直于地面；右脚则应脚掌着地，脚跟提起。此刻右膝低于左膝，右膝内侧可靠于左小腿的内侧，形成左膝高右膝低的姿态。臀部向下，基本上用右腿支撑身体。

2.交叉式蹲姿

交叉式蹲姿通常适用于女性，尤其是穿短裙的人员，它的特点是造型优美典雅。基本特征是蹲下后双腿交叉在一起，其要求是：下蹲时，右脚在前，左脚在后，右小腿垂直于地面，全脚着地右腿在上，左腿在下，二者交叉重叠；左膝由后下方伸向右侧，左脚跟抬起，并且脚掌着地；两脚前后靠近，合力支撑身体；上身略向前倾，臀部朝下。

3.半蹲式蹲姿

半蹲式蹲姿多于行进之中临时采用。基本特征是身体半立半蹲，其要求是：在下蹲时，上身稍许弯下，但不宜与下肢构成直角或锐角；臀部向下而不是翘起；双膝略为弯曲，其角度可根据需要可大可小，但一般均应为钝角；身体的重心应放在一条腿上。

4.半跪式蹲姿

半跪式蹲姿又叫单跪式蹲姿。它是一种非正式蹲姿，多用于下蹲时间较长，或为了用力方便之时。它的特征是双腿一蹲一跪，其要求是：下蹲之后，改为一腿单膝着地，臀部坐在脚跟之上，而以其脚尖着地；另外一条腿则应当全脚着地，小腿垂直于地面；双膝应同时向外，双腿应尽力靠拢。

距离礼仪

由于人们交往性质的不同，个体空间的限定范围也有所不同。一般来说，关系越密切，个体空间的范围划得越小。美国人类学家爱德华·霍尔博士认为，根据人们交往关系的程度不同，可以把个体空间划为四种距离。

一、亲密距离

这种距离是人际交往中最小的间距。处于0~15厘米之间，彼此可以肌肤相触，耳鬓厮磨，属于亲密接触的关系。这是为了做出爱抚、亲吻、拥抱、保护等动作所必需的距离。常发生在爱人、亲友之间。如果用不自然的方式或强行进入他人的亲密距离，可被认为是对他人的侵犯。处于15~45厘米，这是身体不相接触，但可以用手相互触摸到的距离，如挽臂执手，促膝倾谈等，多半用于兄弟姐妹、亲密朋友之间，是个人身体可以支配的势力圈。而势力圈以眼前为最大，也就是一个人对前方始终保持强烈的势力圈意识，而对自身的两侧和背后关心次之。根据这一原理，飞机、长途汽车和影剧院都采取长排向前的座位，尽量避免对面的座位，使每个人都拥有一个平均的前方势力圈。

二、个人距离

这种距离较少有直接的身体接触。处于45～75厘米之间，适合在较为熟悉的人们之间，可以亲切地握手、交谈；或者向他人挑衅也在这个距离中进行。处于75～120厘米之间，这是双方手腕伸直，可以互相接触手指的距离，也是个人身体可以支配的势力圈。

三、社交距离

这种距离已经超出亲密或熟悉的人际关系。处于120～210厘米之间，一般是工作场合和公共场所。在现代文明社会，一切复杂的事物几乎都在这个距离里进行。如机关里的领导干部对秘书或下属布置任务；接待因公来访的客人；或进行比较深入的个人洽谈时大多采用这个距离。处于210～360厘米之间，表现为更加正式的交往关系，是会晤、谈判或公事上所采用的距离，如首长接见外宾或大公司的总经理与下属谈话等，由于身份的关系需要与部下之间保持一定的距离。

四、公众距离

这种距离人际沟通大大减小，很难进行直接交谈。处于360～750厘米之间，这是产生势力圈意识的最大距离。如教室中的教师与学生，小型演讲会的演讲人与听众的距离。所以在讲课和演讲时用手势、动作、表情以及使用图表、字幕、幻灯等辅助教具都是为了"拉近距离"，以加强人际传播的效果。处于750厘米以上的距离，在现代社会中，则是在大会堂发言、演讲、戏剧表演、电影放映时与观众保持的距离。

●礼仪：注意交谈的角度和距离

西欧一些国家认为，两个人交谈的最佳距离为1米，但意大利人经常保持30~40厘米。然而，从卫生角度考虑，交谈最佳距离应为130厘米，这样就不至于因交谈而感染上由飞沫传播的疾病，保证健康。

人在说话时，可产生170个左右的飞沫，飘扬1米远，最远达1.2米，咳嗽时排出460个左右的飞沫；打喷嚏时喷出的飞沫最多达1万个以上，最远可喷出9米远。在飞沫中大部分是水分，还含有少量蛋白质、脱落细胞和病菌。这些微小的飞沫从口腔排出后，一部分射落于地面；较为细小的则因水分蒸发而形成更为细小的"飞沫核"，悬浮于空气中，传播疾病。

因此，从保证健康的角度出发，两个人交谈的最佳距离为130厘米；并最好有一定角度，两人可斜站对方侧面，形成30°角为最佳，避免面对面。这个距离和角度，既无疏远之感，又文明卫生。另外，在交谈中，如偶然咳嗽要用手帕遮住口鼻。

目光礼仪

眼睛是人体传递信息最有效的器官，它能表达出人们最细微、最精妙的内心情思，从一个人的眼睛中，往往能看到他的整个内心世界。一个良好的交际形象，目光是坦然、亲切、和蔼、有神的。特别是在与人交谈时，目光应该注视对方，不应该躲闪或游移不定。在整个谈话过程中，目光与对方接触累计应达到全部交谈时间的2/3。人际交往中诸如呆滞、漠然、疲倦、冰冷、惊慌、敌视、轻蔑、左顾右盼的目光都是应该避免的，更不要对人上下打量、挤眉弄眼。交谈时要将目光转向交谈人，以示自己在倾听，这时应将目光放虚，相对集中于对方某个区域上，切忌"聚焦"，死盯着对方眼睛或脸上的某个部位，因为这样会使对方难受、不安，甚至有受侮之感，产生敌意，从而产生抵触情绪。

人们常说，眼睛是心灵的窗户，那是因为它是人体传递信息最有效的器官之一。所以，我们在与人进行交往时，务必要注意眼神的运用。据统计，其中单是眉毛的动作表情就多达20多种，再加上眼睛的动作，就可表达诸如眉目传情、眉开眼笑、目不转睛、暗送秋波、横眉冷对、愁眉不展、眉飞色舞等众多的信息。在商务交往中，人员之间交谈时目光注视的时间长短、眼睛的开闭、瞬间的眯眼以及其他许多细小变化和动作都意味着向交谈对方发出不同的信息。

世界各族人们，往往用特定的眼神来表示一定的礼节或礼貌。例如：

注视礼：阿拉伯人在倾听尊长或宾朋谈话时，两眼总要直直地注视着对方，以示敬重。日本人交谈时，往往恭恭敬敬地注视着对方的颈部，以示礼貌。

远视礼：南美洲的一些人，当同亲友或贵客谈话时，目光总要向着远方，似东张西望状。如果对三位以上的亲朋讲话，则要背向听众，看着远方，以示尊敬。

眯目礼：在波兰的一些地区，当已婚女子同丈夫的兄长交谈时，女方要始终眯着双眼，以示谦恭。

眨眼礼：安哥拉的一个民族，当贵宾光临时，总要不断地眨着左眼，以示欢迎。来宾则要眨着右眼，以表答礼。

挤眼礼：澳大利亚人路遇熟人时，除说"HELLO"以示礼遇之外，有时要行挤眼礼，即挤一下左眼，以示礼节性招呼。

不难看出，人们的眼神往往受到不同文化的影响和制约，当它约定俗成地成为一种礼仪的时候，就有了严格的规范。

●注视对方表示关注

即使是在普通的社交谈话中，礼仪要求之一就是目光一定要注视谈话者。通常认为，在别人讲话时眼睛东张西望、心不在焉、玩弄东西或者不停地看手表是很不礼貌的行为，也难以得到他人的尊重和信赖。

●直盯对方是失礼的行为

要注意不能对关系不熟或关系一般的人长时间凝视，直至对方感到浑身不自在，很是尴尬。这似乎是全世界通行的礼仪规则。若路遇陌生人，应倾向于避开眼光对视。如果是上下打量人则更是一种轻蔑和挑衅的表示，容易引起对方不满的情绪。

有趣的是，动物学家们发现在动物世界里，由于缺乏有效的语言沟通，动物之间互相威胁对方，挑起"战争"的形式多数是选择从眼神的怒目相向开始的。而我们人类也有相似的举动，人们常说："仇人相见，分外眼红。"也说明眼神在这里的确起到了表示仇恨、愤怒、威胁的作用。所以，除了亲密的关系外（如恋人之间的长时间对视），凝视的对象一般是静物（如欣赏艺术作品）。

在公众场合避免令人不愉快的凝视可采用的方法：一是适时的转移视线，尽量不要长时间注视同一个人；二是善用失神的眼光，例如乘坐公交车时，由于人多拥挤，有时不得不面对对方，这时可以使眼神显出茫然失神或若有所思的样子，以免失礼。

眼神礼仪受世界各国和各地区不同文化的影响很大，不同国家或民族的人们常常因为多看几眼或少看几眼的问题而引起误解。因此，了解世界各地不同的眼神礼仪，使自己更加恰当地运用眼神礼仪，显得很有必要。例如，许多人认为应避免直视对方的眼神，而有些人则认为逃避对方的目光是对他人不感兴趣的表现；大多数朝鲜人在请求对方给予帮助时总是通过看着对方的眼睛来了解对方的真实想法，这样在遭到拒绝时就不会感到羞愧，而日本人却认为看对方的眼睛是不礼貌的，谈话时只能看对方的颈部。

●运用眼神礼仪的注意事项

1.注视的时间

一般来说，当你与别人谈话30分钟时，如果对方看着你的时间不足10分钟，说明他在轻视你；如果对方注视你的时间有10～20分钟，说明他对你是友好的；20～30分钟说明两种情况：一是表示重视，二是表示敌视。也就是说，与别人谈话时眼睛的注视时间要占谈话时间的2/3。

2.注视的许可区间

当你与他人交谈时需要注意的一点，就是应该尽量把目光局限于上至对方的额头，下至对方上衣的第二颗纽扣以上（大致相当于胸以上的部位），左右以两肩为准的方框里，特别不能明显地将目光集中于对方脸上的某个部位或身体其他部位。如果是彼此初次相识，或者关系一般以及异性之间，更应该注意这一点，不要轻易超越这个"许可区间"，否则将被视为是无礼的表现。

3.注视的角度

平视表示平等；斜视表示失礼；俯视表示轻视别人。

正确的做法是：当与人交谈时，目光应正视对方的眼、鼻三角区，以示尊重；当对方沉默不语时，就不要盯着对方，以免加剧他不安的尴尬局面。在整个交流过程中，还要特别注意不要使用向上看的目光，因为这种目光常常会给人一种目中无人、骄傲自大的感觉；当然更不能有东张西望的目光，会给人以缺乏修养、不懂得尊重别人的印象。

微笑礼仪

在日常人际交往中，最能迅速传递给对方信息的，是你的面部表情。微笑，一种令人感觉愉快的面部表情，展示着你的诚意，象征着你的友善，即刻会缩短你与对方的心理距离，为沟通和交往营造出和谐的氛围。英国诗人雪莱说："微笑，实在是仁爱的象征，快乐的源泉，亲近别人的媒介。有了微笑，人类的感情就沟通了。"

微笑应当是上翘嘴角，双颊肌肉上抬。当然，微笑不能单纯从动作分解出发，而首先必须有真诚的心态。

微笑表现真挚友善的礼貌态度。它能起到尊重他人、增进友爱、推动沟通、体现热情、愉悦心情的作用。微笑应发自内心，渗透情感，表里如一。不能虚情假意，假模假样，露出机械式的笑容。也不能冷笑、傻笑、干笑、苦笑、皮笑肉不笑。自然大方、真实亲切和不加修饰的微笑才具有感染力。

微笑能表现自信乐观的良好修养。对自己充满信心，对工作一丝不苟，对别人以诚相待。微笑的表情让人愉快舒心，具有正面和良性的影响，它告诉对方你是善意的使者，是能信赖、能依靠的对象。在人际交往时，最不该表情冷漠或瞪眼皱眉，这样会导致对方十分难堪，迫使对方尽快结束痛苦的交往过程。

微笑是人际交往的润滑剂，是消除芥蒂、化解矛盾，排遣紧张、缓解压力、慰藉他人、关怀备至，广交朋友、友善待人的有效方式。见面时握手、问候、交换名片以至于交谈都需要微笑。政务人员、商务人员和服务行业人员，以至于全社会人人都需要微笑。

● 微笑的内涵

微笑是自信的象征。一个对自己和对未来均充满了自信的人，才能更加充分地尊重自己，树立起远大的理想。同时要充分看到自身存在的价值，重视强化自我形象，就必须保持笑口常开。

微笑是礼仪修养的充分展现。一个有知识、重礼仪、懂礼貌的人，必然十分尊重别人。即使是陌路相逢，也能做到毫不吝啬地把微笑当作礼物，慷慨地奉献给别人。

微笑是和睦相处的反映。现实生活是丰富多彩的，既有风和日丽、鲜花盛开的春日，也同样可能有风雪交加、百花凋谢的寒冬。人生旅途，既有坦途，也同样可能有坎坷。但是，只要脸上充满微笑，就会使身处人生大舞台的你身边的人们倍感愉快、安详、融洽、平和，少了许多争执、矛盾和冲突。微笑的确可比磁力、电波，能够使我们的心灵更接近，更加友好和亲近。

微笑是心理健康的标志。一个心理健康的人，一定能够将美好的情操、愉快的心境、温暖的情谊、善良的心地水乳交融，变成世间最美好的微笑。

表情礼仪

表情是人内心的情感在面部、声音或身体姿态上的表现。当外部客观事物以物体的、语言的、行为的方式刺激大脑时，人就会产生各种内在反应（即情感），这种情感会通过人体相应的表情呈现出来，表现在人的面部、身体、姿态、声音上。人们常说情动之于心、形之于外、传之于声就是这个道理。人的面部表情是十分复杂的。古人说："人身之有面，犹室之有门，人未入室，先见大门。"现代心理学家总结过一个公式：感情的表达＝言语（7%）＋声音（38%）＋表情（55%）。比如，打电话时看不到打电话的人，但表情却影响传过来的声音，没有哪一个人能以愤怒的表情说出优美、和蔼、动听的问候语。可见，表情在人与人之间的感情沟通上占有相当重要的地位。健康的表情留给人们的印象是美好、深刻的，它是优雅风度的重要组成部分。

达尔文在《人类与动物的表情》一书中指出，现代人类的表情动作是人类祖先遗传下来的，因而人类的原始表情具有全人类性。这种全人类性使得表情成了当今社交活动中少数能够超越文化和地域的交际手段之一。

表情既然是人们丰富的内心世界在其面部的展现，在特定的环境中，它也是人们不同心情的体现，更是逼真反映人性的一面"不会说谎的镜子"。人的脸常常被称为"第一表情"；而手、腕、肩名列第二，身体和脚则排第三。在人们大量的日常交往中，表情所传达的无声的感情信息比任何生动的语言都要更加微妙。如果你想了解对方，看着对方不断变化着的面部表情，就能知道对方的情绪反应，虽然无声，但却可以让人心领神会。正因为这样，有人甚至将表情称为"人类的第一语言"。

如果在与人交往时忽视了表情的合理运用，就很有可能招致不必要的麻烦。例如，你永远不要一边对人说着"欢迎欢迎"，一边却面无表情；一边与人亲切握手，一边眼神却环顾四周。否则，你的傲慢与无礼将使你的人际交往寸步难行。在面部表情中，最能给人留下深刻印象的莫过于眼神和微笑。

眼神是面部表情的核心。在人际交往时，目光是一种真实、含蓄的语言。"眼睛是心灵之窗"，从一个人的眼神中，可以看到他的整个内心世界。一个良好的交际形象，眼神应是坦然、亲切、友善、有神的。在与人交谈时，眼神应当注视着对方，才能表现出诚恳与尊重。与人交往时，冷漠、呆滞、疲倦、轻视、左顾右盼的眼神都是不礼貌的。切不可盯人太久或反复上下打量，更不可以对人挤眉弄眼或用白眼、斜眼看人。

真诚的微笑是社交的通行证。它向对方表白自己没有敌意，并可进一步表示欢迎和友善。因此微笑能使人感到温暖、亲切和愉快，它能给谈话带来融洽平和的气氛。

常用面部表情的含义：点头表示同意，摇头表示否定，昂首表示骄傲，低头表示屈服，垂头表示沮丧，侧首表示不服，咬唇表示坚决，撇嘴表示藐视，鼻孔张大表示愤怒，鼻孔朝人表示高兴，咬牙切齿表示愤怒，神色飞扬表示得意，目瞪口呆表示惊讶等。

仪表礼仪

仪表，就是人的外表，包括容貌、姿态、服饰和风度等，是构成个体交际"第一印象"的基本因素。

仪表美是一个综合概念，它包括三个层次的含义。一是指人的容貌、形体、体态等协调优美，如体格健美匀称，五官端正秀丽，身体各部位比例协调，线条优美和谐。二是指经过修饰打扮及后天环境的影响而形成的美。三是指一个人纯朴、高尚的内心世界和蓬勃向上的生命活力的外在体现。简言之，仪表美就是自然美、修饰美和心灵美三者的和谐统一。可见美的仪表，不单是人的物质躯体的外壳，而且往往反映人的性格气质、思想感情、道德情操、文化修养乃至社会文明的发展程度。

仪表美的这三个层次，实际上就是人们通常说的内在美和外在美。一般说来，二者是密切联系的，外在美要受内在美的制约，而内在美则要通过外在美来显现，互为表里，相得益彰。仪表美同其他外在美一样，只有和内在美（思想品德、理想情操等）高度和谐统一，才能令人敬慕和向往。

人们所以注重仪表，是因为仪表美是自重自爱的需要，更是尊重他人的表现；仪表美能给人留下良好的第一印象，从而产生"首因效应"，有助于公关和交际活动获得成功。

仪表礼仪的首要问题讲的就是容貌的修饰。我们有一个比较专业的词，说出来有点不好听，叫仪容。仪容礼仪是个人基本礼仪的重要组成部分。仪容的基本含义是指人的容貌，但是从礼仪学的角度说，仪容还应该包括头发、面部、手臂和手掌，即人体不着装的部位。仪容礼仪的规则主要涉及三个方面，即仪容的干净、整洁和修饰。

一、干净

我们应遵守的仪容礼仪的首要原则是干净，即身体不能散发异味、面部不能有异物等。要保证干净，必须做到以下几点：

1.洗脸

我们出席正式的交际场合之前应及时清洁面部，在参加活动过程中应该及时用面巾纸等清洁面部的油脂，做到无泪痕、无汗渍、无灰尘等。另外，还应注意及时清理眼角、鼻孔、耳朵、口角等细微的残留物。

2.洗头

俗话说："远看头，近看脚。"在公关往来中，首先映入交往对象眼帘的就是头发，所以人的头发应该保证没有头皮屑、不粘连、无异味，保持头发柔顺、整洁，这就要求我们应该保证1~3天洗一次头发。

3.洗澡

为了清除身体上的烟味、酒气、汗味等异味，我们每天都应该洗澡，至少也要坚持3天洗一次澡，特别是在参加重大的社会活动之前，洗澡是一项必须做的准备工作。洗澡一方面是为了保持干净；另一方面还可以使人清爽、精神焕发，不仅可以给交往对象留下良好的印象，还能使自己充满信心。

4.洗手

我们在参加社交活动时，必须用手完成的动作很多，如握手、递送名片等，所以手的干净与否至关重要。在出席重大场合之前应注意洗手，做到手上无汗渍、无异味、无异物。此外，不能留长指甲，指甲的长度与指尖齐平为最佳，并保证指甲内部无污垢，指甲两侧无死皮。

5.刷牙

语言交流是社会交往的主要方式，我们必须要保证口腔卫生，确保口气清新，避免在双方进行语言交流时受到口气的影响。除早晚刷牙以外，在参加正式的交际场合之前也应该刷牙，至少要咀嚼口香糖，并尽量避免吃一些带有刺激性气味的食物，如葱、蒜、韭菜等。

二、整洁

我们应该保持整洁的仪容。在礼仪当中，除要求人的头发必须干净之外，对头发长度也有要求。另外，最好不要留太长的胡须，除非有特殊的宗教信仰或习俗，否则会被交往对象认为受到不尊重的待遇。应该保证每天剃须，这不仅是对别人的尊重，还是保证自己清爽、自信的最佳手段。

三、修饰

有些人有鼻毛、腿毛、汗毛过长的现象，在出席正式的社交场合前，必须进行修剪和遮掩，避免外露。

我们应该在出席社交场合之前整理、修饰自己的仪容，保证给交往对象留下良好的印象。但不得在公共场合进行补妆、整理衣裤、搔弄头发、清理鼻孔的分泌物等，这些活动只能在洗手间等别人看不到的地方进行。

●青春女孩仪容六不要

1.青春是女孩最好的化妆品，一般没有必要浓妆艳抹。如果特定场合需要，注意和自己的年龄、身份相符，否则会给人轻浮的感觉。

2.为求"性感"暴露过多，或是有意无意露出贴身衣物都会令人反感。露出肩带或穿着透明的衬衫、无衬裙的裙子，是缺乏自爱的表现。

3.香水味道太浓会使人感到俗不可耐，日常洒少许香水即可。

4.梳过分古怪或野性的发型，会糟蹋自己的形象和气质。

5.身上的首饰过多，不时发出环佩之声，会给人浮华和俗气的印象。

6.穿抽丝和破洞的袜子出门，无论着装怎么协调，都会失去和谐的美感。

香水礼仪

香水是以芳香为主要特征的化妆品，其主要功能为溢香祛味、芬芳宜人。按香精含量和香气持续的时间，可将香水分为四种，即浓香型、清香型、淡香型和微香型。香精含量分别为 15%～20%、10%～15%、5%～10% 和 5% 以下。香气持续分别为 5～7 小时、5 小时、3～4 小时和 1～2 小时。一般来说，第一种香水适合在宴会、舞会、演出等晚间较为正式的活动场合使用，第二种适用于商务交往场合，第三种适合上班时，第四种则适用于休闲场合。

香水种种，各有用处。首先，应该分清香水的性别。其次，选用香水，要注意自身年龄、性格、心情，以及使用场合、对象、季节、时间、服饰等因素。要做到浓淡相宜，场合得体，从而使自己和他人都感到愉悦。所以，从某种程度上讲，从香水便可以看出选用者的文化素质和个人修养。

选择合适的香水，也是一门艺术。擦香水最主要是为了取悦自己，在你和香味之间应该有一种相互的好感。选购香水时不能随便妥协，不能单凭视觉和嗅觉，必须试用后，确定这款香水究竟是否适合自己；同时，还要根据不同的季节和不同的场合等因素，选用适合的香水。香水的香味，应该没有刺激性，也不能引起别人的反感，应该能提升个人的吸引力，提高情绪，使人闻到后有一种心醉的感觉。

香水的用法一般而言，应洒在脉搏或接触部位，便于发散。大部分人习惯喷在耳后、颈部和手腕，但不宜用在头发、衣物或身体汗腺部位。不要把香水喷于浅色的衣物上，以免留下污渍。沐浴后身体湿气较重时，将香水喷于身上，香味会释放得更明显。若想制造似有似无的香气，你可将香水先喷于空气中，然后在充满香水的空气中旋转一圈，令香水均匀地落于身上。

大多数场合，最为普遍的是选择清新淡雅的香水，并与同时使用的其他化妆品的香型契合或大体一致，否则会彼此串味。当然，使用香水不应影响本职工作或者妨碍别人，也不应使用过量，使效果适得其反。

●季节与香水使用

春季多风，气候干燥，皮肤最易过敏，香水尽量不要洒到皮肤上，应以选择洒在衣物上为主。人对香气的领悟性在春季也较高，干燥的空气易使香气很快散发，香水应少洒多喷，并以清淡为主。早春使用花香型，晚春使用果香型更能给人以新鲜感。

夏季是传统的用香旺季，气候炎热，空气混浊，异味大，所以最适宜的香型是具有清香、爽快气息的古龙水或清凉感较强的花露水。以清淡型香水为主，香水宜少洒、勤洒，只要经常保持淡淡的香气即可。

秋季是冬季的序曲，与冬季有许多相似之处，人的嗅觉变得迟钝，对香水的领悟能力不高，各种香型都适合，没有严格的选择。

东方人偏重强调夏季使用香水，其实冬季也是散发魅力的季节。严寒的冬季，缺少绿色与生机，更需要香的点缀。此时选择香气浓郁一点的花香型的香水，会给人一种温暖、热烈的感觉。冬日寒冷的气候不利于香水的散发，香气挥发慢，但留香时间长，因而一次可少喷些。

●香水的妙用

香水如花香一样具有镇静及安抚精神的作用。玫瑰、柑橘花、熏衣草、茉莉等都是宁神效果极佳的植物。将以此为主要原料的香水，滴二三滴在脚上与手腕之上或耳后再入睡，能使你的梦更加香甜。

风度的养成

翩翩风度来自良好的道德修养和丰富的文化内涵。一个人有什么程度的修养，就会表现什么样的风度。具体讲，要从以下几个方面加深对风度的理解，并从行动上加以养成。

1. 美的风度蕴含着饱满的精神状态。一个人神采奕奕，精力充沛，自信而富有活力，就能激发对方的交往欲望，活跃交往气氛；如果一个人无精打采，给人以敷衍之感，即使有交往的诚意，别人也会感到兴味索然。

2. 美的风度蕴含着诚恳的待人态度。当你同交往对象坐在一起的时候，要让人感觉到你是一位亲切、温和的人，话语是那么亲切，眼神是那么迷人、诚恳。诚恳而坦率的待人态度是风度的要素之一。在人际交往中，端庄而不矜持冷漠，谦逊而不矫揉造作，上交不谄媚，下交不轻慢，正是诚恳待人的基本要求。

3.美的风度蕴含着健康的性格特征。性格是表现人对现实的态度和行为方面比较稳定的心理特征，它是在先天生理素质基础上，通过后天的实践活动逐渐形成和发展起来的。性格通过行为表现出来，因此它与风度密切相关。当然，金无足赤，人无完人，谁都有性格上的不足和风度上的缺陷。要使自己的风度得到别人的赞赏，就要加强性格的修养，努力做到大方而不出礼格，自重而不自傲，豪放而不粗俗，刚强而不执拗，谦虚而不虚伪，认真而不迂腐，活泼而不轻佻，直爽而不幼稚。

4.美的风度蕴含着幽默文雅的谈吐。国外一位年轻漂亮的女记者采访两位青年男作家，作家开玩笑说："我们听说你很漂亮，所以很想吻吻你。"女记者大方而巧妙地回答："要吻我，得先问问我丈夫，看他是否同意。"女记者幽默的回答，避免了可能出现的尴尬场面，让人们在轻松一笑中巧妙地渡过了难关。如果女记者当场责难男作家，那场面就可想而知了。可见幽默不仅能显示人的智慧，而且能创造轻松、风趣、和谐的交际氛围。当然，男女交往中，庸俗的打情骂俏，与幽默是格格不入的。

5.美的风度体现在得体的仪态和表情动作上。人的神态和表情，是沟通人们思想感情的非语言交流手段，是社交风度的具体表现。它不需要刻意追求，更要自然地显示出来，没有生硬的矫饰，没有讨厌的做作，看不出刻意的模仿，仿佛全在漫不经心之中。如果矫揉造作，明明土气未脱，却非要搞什么洋式包装；腹中空空，硬要装出学贯中西的样子；地道的北方人，偏偏要讲变了调的港腔等，这种失去自我的装腔作势，只会令人侧目、捧腹。一个有风度、有气质的人，其引人注目之处绝不仅仅是服饰打扮、行为举止、音容笑貌，而是包容在这一切之中而又超越这一切之上的一种特殊魅力。从这个意义上说，风度又是成熟的标志。

总之，风度是人的综合素质的外在表现，是用美的心灵、丰富的知识和大方的举止筑起的大厦。只要潜心探求，你总有一天会成为风度大厦的主人。

公共场所礼仪

出入公共场所礼仪

出入公共场所，在较正式场合应注意以下几个方面：

1.在公共场所的大厅需要注意

在公共场所的大厅，比如酒店的大堂、剧院的休息厅、车站的候车室等场所，都不宜逗留过久，大多数场所更不适合过夜。办完事情应该尽快离开。如果需要等人或等车，也应尽量保持安静，不能大声喧哗，嬉笑打闹。

2.不要阻挡、妨碍他人通过

若不是万分必要，不要在公共场所与人拉手、挽臂、勾肩、搂抱而行。携带东西，最好抱在身前，或以一只手提拎；若是随身携带的包裹很多也不能随意乱放，最好摆放整齐，以免影响他人。

3.不要手舞足蹈、高声谈笑

由于公共场所行人太多，因此最好不要做出毫无任何必要的动作，如猛然挥手、踢脚蹬腿等，以免生事端。公共场所与人交谈，切记降低音量，能让对方听清楚即可，不要大喊大叫，大吵大闹。

4.走廊、通道请靠右行走

在公共场所的通道或者走廊行走时，大家应该尽量靠右侧行走，将过道的左侧让出来，给有急事需要急行的人，这是国际通行的一种右侧行走的惯例。在公共场所的电动扶梯上也是一样。

5.房门的开关

进出房门是有很多礼仪细节需要注意的，首先要轻开、轻关，不能肘推、脚踢、臀拱、膝顶等；其次，房门的开关需要配合相应的手势，当房门的把手在右侧需要用左手开门，把手在左侧需要用右手开门；当你引领一位受尊重的人进出房间时，应该是：手拉门请对方先进，手推门自己先进，并做相应的指引手势，这样可以为对方扶住门，以免发生意外，也会显得彬彬有礼。

6.注意面部朝向

当房间里面有人时，进出房门，都应该正面朝向对方，用你亮丽的面容面对别人，而不是留下一个背影，让人"浮想联翩"。

7.注意顺序

公共场所的房间，若是门很宽阔，一般情况，应请长者、女士、来宾先进入房间。若是需要开关房门，门又不是很宽，需要我们根据房门的开关方向来确定谁先行。若出入房门时遇到对面有人，应侧身礼让。

购物礼仪

购物时要自觉遵守购物公德，在购物商场和商店不大声喧哗，不追逐打闹，不损坏商品，不随地吐痰，不乱扔垃圾。为了避免耗费时间，你最好把要买的东西用笔记下来。

购物态度应平易亲切，尊重他人。交易应本着自愿、和谐的原则，不强买，不恶意诋毁商品，不故意找茬压价。要用恳切、礼貌的语言对待售货员或服务员，不要"喂、喂"地叫人，更不能用命令式的语气说话。营业员正在为别人服务时，应在旁边礼貌等待，不要急于招唤。对服务员的问候，要礼貌回复；对服务员的帮助，要及时、得体地表示感谢。挑选商品要预先考虑，应尽量避免售货员的无效劳动。购物时不可把自己的不快情绪发泄到营业员身上。遇到态度不好的营业员，要宽宏大量，耐心说理，也可提出意见；如果自己违反了商店规定，要知错就改，主动道歉。遇到有急事的其他顾客，应主动给予照顾和礼让。当购物完毕时，应主动排队结账；离开柜台时，应向营业员道谢。

进入超市购物时，应按规定存包；购物时，对已选购的商品感到不满意时，不能随意放置，应主动将其放回原货架区；贵重商品要轻拿轻放。使用商场手推车时，注意停放位置，避免堵塞通道，用完应停放到指定位置。超市内的商品不得随意品尝和试用，不得"顺手牵羊"，不占小便宜。付账时要自觉排队，对有急事的顾客应该照顾和礼让；离开时，要有礼貌地向服务人员致谢。

出游礼仪

● 旅行中要具备三种良好态度

尊重——不仅表现在对待自己的家庭成员、孩子、旅行伙伴和你旅行团中的人员，而且也要尊重每一个服务于你和你遇到的人。

通情达理和善解人意——无论身处于旅馆中、火车上或者是公园里，要记住在你拜访的地方你是客人，人们是欢迎你的。那些为你服务的人都试图想令你舒适。所以，当你表达请求的时候，和善、通情达理、致谢总是令人感到愉快的。因为人们喜欢为这样的人服务，而你得到的服务就很可能快捷而周到。

勿带走公物，也不要落下自己的物品——一个体贴的客人应该避免乱丢垃圾或者在公共场合喧哗。当你在公共场合时，避免把"免费纪念品"带回家，像鲜花、石头、浴巾、或者餐具等。有相当多的纪念品是供你购买的。

● 与旅伴的相处礼仪

很多时候旅途中会有旅伴。这是一个积极而有益的经历，你们可以通过分享经历来巩固家庭成员以及和他人之间的友谊。在你们决定一起出行前，确保你们有同样的爱好和预算，以及有相同的生物钟。一个精力旺盛的家庭或许对于许多景点兴趣盎然，而另一个家庭或许只希望逗留在一个地方，和当地的人说说话，并沉浸在那样的氛围中。这样的两个家庭组合在一起势必会引起不愉快。请一道讨论你们的期望，协商一些共同的活动，并制定一个大概的计划，预留一些单独活动的时间。在出行前，你也应该做出预算，那样的话，当你的朋友希望在一家昂贵的餐厅里用餐，而你又想去小摊品尝当地的特产的时候，你们就不会感到措手不及。

● 抵达时需注意的礼仪

对待服务员要怀着尊重与感激。要记得，那些机械故障或者延误并不是由服务员或航班人员造成的。他们在尽力地为你服务，无论什么事情给你带来不便，请恭敬地询问并且为得到的帮助而感谢他们。你将发现微笑会令旅行中的每个人变得舒适而愉快。

在任何需要等待的地方，像问询处、候车室或购票窗口，都要排队，并注意和前面的人保持一定的空间。

如果你出行乘坐巴士、火车或飞机，要记得，过道等中心位置是供人使用的公共场所。避免在这些位置聊天或者把你的行李放在那里太长时间，以免阻塞交通。同时，如果你坐在靠近这些位置的座位上，应把腿脚收回到座位底下，而不是放在路中，那样的话，你可能会绊倒他人或阻碍行人。

当使用盥洗室时，尽量不要占用太长时间。同样，在你使用后随手冲一下，以确保后面的使用者能像你一样享受一个清洁的环境。

醉酒在移动的车中会变得更严重。当你在飞机上，在一定的高度飞行时要确保少喝酒，以免喝醉。在高速行驶或在高处飞行的时候，如果你不确定你对酒的反映，最好避免在旅途中饮用任何酒。

如果在前面播放电影，你并不是坐在中间的位置上，避免凑近及离开你的座位，以免挡住坐在你后面旅客的视线。

带孩子出行，出门前要告诉他们尽可能保持安静，以至于不打扰周围的旅客。如果他们要交谈，要求他们轻声讲话。MP3或者游戏机的音量应该尽量调小，不要打扰别人。

在旅游景区，应自觉遵守社会公德。要爱护公物，特别要注意保护文物古迹，不乱刻乱画；举止文明，讲究卫生，不乱丢垃圾。

入住酒店礼仪

不论是出差或旅行，有时我们都会入住一些宾馆、酒店，但宾馆、酒店并不是你的家，它只是你暂时租用的一个地方。所以有一些必要的规定和礼貌是一定要注意的，这样才会体现你的素养。入住宾馆、酒店需要注意以下礼仪：

一、预约的礼仪

外出旅行要提前预定酒店，这是礼仪，即方便自己，又利于酒店的管理，尤其是在旅游旺季出门，这一项工作就更是必不可少的，否则，你很可能就要体会身在异乡却又没有地方消除旅途劳顿的无助感受了。

在信息高度发达的今天，预定酒店的方式也是多种多样的。电话、上网、信函、电传都是可以的，但最常用的还是电话预定，在确定了要入住的酒店后，可以拨打他们的电话，告诉他们你的要求以及入住和停留的时间，入住的人数，房间的类型，申请住房人的姓名和到达酒店的大概时间，并问清房费，万一比预定时间晚了，尽快打电话联系，否则预定就会被取消。

此外，随着服务业的发展，酒店会越来越注重个性化服务，尽量满足客人的需求，所以如果你有什么对房间特殊的要求，也可以在预约时提出，使你在酒店的休息可以更加舒适和方便。

电话预约定房间时，态度要和蔼，不能因为酒店无法满足你的要求而大声呵斥；对于酒店的相关规定也要予以理解。

二、登记入住的礼仪

到达了目的地之后，有备而来的你就可以直奔预约好的酒店了，进入大堂后，首先应该到前台登记。如果你带了大量的行李，门童会帮助你搬运行李，你可以礼貌地谢过之后就去登记入住。

如果前面有正在登记的顾客，那你应该静静地按顺序等候，与其他客人保持一定的距离等待，不要贴得太近，不能乱站乱挤或采取任何无理的态度。

入住酒店要出示身份证或其他证件，例如结婚证或护照等。

酒店最安全的房间是靠近走廊的房间，因为过往的人很多。你要查看紧急出口和安全出口，而且看一下你是否需要更多的毯子、衣架、电源插座、毛巾等，最好进房间前就把这些弄好，不要等到晚上再要，因为晚上的值班服务人员可能会较少。

大厅和走廊是酒店的主要公共场合，因此一定要记住，不要表现得像在自己家中一样，甚至穿着睡衣或浴衣转来转去，那样有碍观瞻。

此外，还应该注意一定不要大声说话和吵闹，也不要乱跑乱跳。酒店房间里面大多数配有电视，当你观看电视节目时，请选择合适的音量，以免影响其他房间的客人休息，尤其是在夜间收看电视更要注意。

三、客房的礼仪

因为客房并不是你的私有财产，所以对待你租用的房间也有一个文明的问题。请不要随地吐痰，不要在墙上乱画，不要弄脏室内的摆设。从你如何对待你的房间，可以很容易地看出你的人品和文化修养。

住在外面，要有安全意识，进出房间要随手关门。有不少人进入房间后，门虽然锁了，但门的保险链却总是忘记挂好。到国外旅游时要特别注意，即使锁好了，也要再仔细检查一下，让外面的人绝对打不开。

当你有什么要求时，可以客气地向服务员或前台提出，相信他们可以满足你大部分的要求。

在洗手间，不要把水弄得整个洗台到处都是。

千万不要把现金或贵重的物品放在房间里，要把它放在前台的保险箱里。房间里的保险箱要设定密码，否则是不保险的。

有人敲门时，除非这人说明身份，否则不要开门。

在房间用餐完毕，要用餐巾纸将碗、碟擦干净，放在客房外的过道上方便服务人员收拾。

沐浴的时候，浴帘的下部要放到浴缸里面，尽量不要把地弄湿。用完之后，把自己落在盆里的头发拾起来。上厕所之后应及时冲水。

洗发水、牙刷、香皂、信封、信纸之类的小用品可以带走，但要注意有些物品是有偿使用的。

很多酒店限制携带宠物入住，因此请把你的宠物留在家里。

房间里面一般禁止使用自带的电热装置，因此，在客房里面"开火做饭"是严格禁止的，这会造成火灾隐患。客房中更不能从事各种违法犯罪活动。

四、离开酒店的礼仪

在准备走之前，可以先给前台打个电话通告一声，如果行李很多，就可以请他们安排一个人来帮你提行李。

别想当然地认为可以从饭店拿走毛巾、睡衣或其他物品，饭店对物品的管理非常严格，这会导致令你尴尬的局面，而且到最后要为此付款。如果你想要些纪念品的话，可以到饭店的商店里购买。

如果不小心弄坏了饭店的物品，不要隐瞒抵赖，要勇于承担责任并加以赔付。

最后结账，结完账后应礼貌地致谢并道别。

观看演出和比赛的礼仪

在观看各种类型的演出、比赛的时候，要掌握必要的礼仪，否则，你可能影响到他人的观看，严重的可能导致演出或者比赛受到干扰。

观看演出或比赛需要注意以下礼仪：

一、凭票入场

因公观看演出时，要把发给自己的入场券认真收好，不要丢失。按规定不准转让他人的，绝对不得转让。有些票价过高的演出，若有明文规定，是不得公款购票、公款观看的。

个人观看演出时，要遵守一人一票的规定。不但要购票，而且还不得利用职权购买低价票。不管前往任何场所观看演出，凡应凭票入内的，均应持票入场。

二、穿着正装

在观看正式的演出时，比如古典的歌剧、新年音乐会等，一般应该自觉地穿正装。不要着浅色衣服出席，因为浅色服饰会分散台上演员的注意力。这样做是对自己的尊重，是对其他观众的尊重，也是对演出本身和全体演职员的尊重。

在观看正式的演出时，对于着装的基本要求是：干净、整洁、端庄、文明、大方。绝对不准穿背心、短裤、拖鞋，更不能打赤膊。

具体而言，由于演出的内容不同，在观看不同内容的演出时，要求又有所不同。根据观众礼仪的规范，一般对于观看歌剧、戏剧、舞蹈、音乐或综合性文艺晚会时的着装要求较高。在观看体育比赛中，如台球、网球、高尔夫球等项目时的要求较高。在这些时候，尤其是陪同他人或应邀观看这类演出或比赛时，非着正装不可。此时若是穿着牛仔服、沙滩服之类随便的服装入场，是绝对不行的。

若是观看流行的演唱会、曲艺、杂技、普通的运动比赛，则只要遵守观看演出的基本着装要求就可以了。

若是前往场面隆重的去处观赏高雅的演出，如观看京剧、舞剧、歌剧、文艺晚会或欣赏古典音乐会时，特别是陪同他人前往或者应邀前往时，则不仅要穿着正装，而且要穿具有礼服性质的正装。即男士应穿深色的中山装或西装，配深色的袜子与黑色皮鞋；若打领带，则宜选黑色，搭配着白色衬衫。女士应着单色的旗袍、连衣裙、西服套裙或礼服等；下装尽量不要穿长裤。假如演出规定参加者要穿礼服的话，这样做才不失礼。

在国外，这种场合穿着的礼服是有一定规格的。它是指男士着黑色燕尾服、白色衬衫，配同色的蝴蝶结与腰封，穿黑色系带皮鞋；女士须着晚礼服，配面纱、长袖手套，穿长统丝袜和高跟皮鞋。对这种规矩应当了解，但不必照搬。

若观看演出时携带家人同往，则不仅在着装上要合乎规范，还要注意使之与家人的着装相协调，切勿"泾渭分明"，对比太大。

三、尽早入场

观看演出，有一项基本的规定，即演出一旦正式开始，观众便不宜再陆续入场，而应等候至演出中场休息时方可再度入场，否则不仅会直接影响演出，而且也会妨碍其他观众对演出的欣赏。因此，我们在观看演出时，不得迟到。

一般的演出场所大都提前15分钟检票，到达现场的时间大致也应当与此相差无几，不要缺乏计划，匆匆而至，气喘吁吁，汗流浃背，甚至错过了演出的开头，破坏了自己观看演出的情绪。

观看演出要求尽早到场，主要是为了给自己观看演出做好必要的准备。具体而言，需要尽早进场的理由可以分为以下五点：

1.会合友人

如与他人相约观看演出，则宜尽量早到一些，以便再约定之处与他人会合。宁肯比对方早到，也不要比对方迟到。尤其是不要超过了约定的时间，或者演出已经开始后，仍然迟迟不到。万一临时有他事要办，须尽早通知对方，并向其致歉。

2.检票入场

有些重要演出，观众甚多。若临近开演时才到达，难免入场时会拥挤不堪。因此应尽量早到一些，排队入场。检票时，应配合检票人员的工作，将入场券的副券面向对方，并且不要帮助他人"混票"。若多人同时入场，持票者须走在前列。

3.寄存衣帽

许多高档的演出场所为了方便观众，都设有专门的衣帽厅。在寄存衣帽时，应遵守有关的规定。若与他人一同寄存衣帽，则职位低者、主人、晚辈、年轻者、男士、未婚者，要主动协助与自己相约而来的职位高者、客人、长辈、年长者、女士、已婚者。在演出结束后，领取衣帽时，也是如此。

4.购买节目单

正规的演出，通常在前厅都可购买或免费领取到演出的节目单。提前一些入场，通过阅读节目单，可以进一步地了解演出的具体安排与有关背景。在购买节目单时，一般主人应为客人代劳。若可以免费领取节目单，要排队领取，并且以各取一份为限，不要哄抢或多领。

5.稍事休息

如果距离演出场所较远，那么早到一些，还可以稍事休息。演出开始前的休息，应当在休息厅里。没有座椅，可以靠墙站立。只是不要在通道、检票口或者衣帽间里乱站、乱蹲或是席地而坐，免得有碍其他观众通行。

四、对号入座

演出的预备铃一响，应当立刻进入演出厅，在自己的座位上对号就坐。

观看节目的座位，一般根据客人的身份事先作出安排，并不是一般认为的越靠前表示越尊重。观看文艺节目，一般以第七、八排座位为最佳（外国大剧院以包厢为最好）。看电影则以十五排前后（宽银幕影片更靠后一些）为好。专场演出通常把贵宾席留给主人和主要客人，其他客人可排座位，也可自由入座。如对号入座，可将座位号与请柬一道发出。

进出演出厅时，应不慌不忙，依次而行。走得可以稍快一些，以免挡路，但是不要奔跑。倘若演出厅门口人员一时过多，应当稍候片刻，不要拥挤。

若有引位员主动提供服务时，可随行于其后。找到座位后，别忘了向对方致谢。若多人一起行进，且演出厅的过道较窄时，则宜单列而行，不要并排行走。

若无人引位，则职位低者、主人、晚辈、年轻者、男士、未婚者，要主动替同来的职位高者、客人、长辈、年长者、女士、已婚者带路寻找座位。

观看演出者如不明自己座位之所在，应有礼貌地向旁人打听。旁人向自己打听时，也应热情相助。对老年人或行动不便者，还应主动提供帮助。

正规的演出都要对号入座，所以在寻找座位时只能以自己的入场券上的座号为目标，绝不能抱着侥幸的心理去位置较好之处占座。若他人占了自己的座位，可以有礼貌地出示入场券向其说明，或请工作人员调解，不要与对方拉扯争斗。

如果自己的位置在中间，且其两侧已经有人就坐，那么在走向自己的目的地时，应对被自己打扰的人轻言一声"抱歉"，并且面向对方，侧身缓步而行。

若与亲友一同前来观看演出，且座位有好有坏时，应主动把好一些的座位让给别人。得到了他人的谦让，要及时表示谢意。但是一定要记住，同他人调换座位应在开演之前进行，并要两厢情愿。演出一旦开始，任何人都只能端坐不动。就坐时宜轻、宜稳，不要用力敲打座椅。

五、交际适度

观看演出时，观众之间免不了要有一定程度的交流，然而要在演出场合进行交际，是要遵守有关的礼仪规范的。

在观看演出时进行交际，主要表现在志趣相投者或亲朋好友之间，通过共同观赏彼此欣赏的节目，来进行心灵上的沟通，或是形成一种默契。因此，观看演出时的交际主要一是种无言的精神上的交流，而不一定非要借助与交谈。这在实践中的表现，就是规定演出一旦开始，任何观众不得再进行交谈，并且应当坚持一直闭口不言，直到演出结束为止。

如果有话要谈，可在演出开始前、中场休息时或演出结束后进行。在观赏演出时，不可向他人解说剧情、猜测结局或是发表观感。因为在观看演出时所说的任何一句话都会妨碍别人。若是遇到他人在演出期间肆意说话，我们可以适当给予他能够接受的示意。

在休息厅里与别人交谈时，不要粗声大气，好似有意要令人瞩目似的。交谈一定要低声低语，让对方听清楚即可。

在演出大厅内，不管演出是否开始，都尽量别跟熟人打招呼，更不要主动找别人聊天。双方碰面，点头即可。如果有话要谈，须待中场休息或演出结束。

夫妻或情侣一起观看演出时，举止言谈均要得体，不要放肆，不要忘了这里是公共场所，不要当众忘乎所以地进行自我表演。

在观看演出时，一般不宜主动跟陌生人攀谈，更不要在这里目不转睛地打量不认识的异性，或者对其评头论足。

六、维持秩序

在演出进行期间，每一名观众都有自觉维持演出秩序的义务，因为这是确保演出顺利、成功的一大前提。

1.不得随意走动

演出开始后，任何观众都不宜随意走动，否则就会给其他观众带来不便。有什么事情一定要争取提前办好，或是看完演出之后处理。

2.不准拍照摄像

有的摄影爱好者在观看演出时，经常喜欢利用自己随身携带的照相机或摄像机拍照或摄像。但是相机的闪光灯，会分散台上演员的注意力，甚至酿成意外事故。就算不用闪光灯，照相的声音也会干扰周围观众的观看和演员的表演。况且，擅自拍照还涉及演出的版权问题，如果未经允许拍照，并发布出去，很可能给自己惹上官司。即便演出场地允许拍照，拍照的观众也要注意分寸，尽量在幕间或演出告一段落时，抓住时机拍摄。

3.不得进行通讯联络

为了避免在演出进行时分散演员与其他观众的注意力，任何观众在进入演出厅之后都要自动关闭自己的手机，或令其处于震动状态，绝不能让它在演出期间此起彼伏地"大呼小叫"。

4.不得大吃大喝

演出厅毕竟有别于餐厅，一边观看演出、一边大吃大喝地做法，终究有些不合时宜，因此在观看演出期间要克制自己的口腹之欲。不要携带食物、饮料入场，尤其是不要届时享用带壳的食物和易拉罐式的饮料。

5.不得吸烟

所有的演出厅，都是禁烟的场所。在观看演出时吸烟，既危害他人的健康，又会因为烟雾缭绕而妨碍观赏演出的效果。

6.不得乱扔废物

在观看演出期间，为了维护演出厅内的卫生，不准随手乱扔废弃物。不仅废纸之类的"身外之物"不准乱扔，而且自己的痰、鼻涕之类的"身内之物"也不准乱扔。万一有此必要，可暂作处理，并在退场时自觉带出场外，扔进垃圾桶内。

7.不得更换衣衫

观看演出时，在大庭广众之前脱换衣衫，亦为不妥。另外还应注意，不要戴着帽子入场，以防阻挡他人视线。如果是在露天运动场看比赛，为了防晒，可以戴太阳帽，不过也要以不遮住别人的视线为宜。在演出厅内，不要脱鞋脱袜。

8.正规的场合对于儿童观众入场是有限制的

要事先打听好你要去的演出是否允许儿童入场。如果是专门为孩子设计，由孩子们演出的，当然孩子们最喜欢了。严肃的演出也不是绝对禁止儿童进入的。如果要带孩子去，应事先给孩子讲讲不同场合的须知。如果是听歌剧或者看芭蕾舞，要事先给孩子介绍一些故事内容和一些基本常识。

观看演出时最好坐在过道旁边，因为有些孩子可能坚持不下来，很有可能你们会中途退场，不过重要的是他有了看现场演出的体验。

9.不得肆意乱坐

坐在座位上观看演出，应坐得老老实实、端端正正。不得前蹬后仰，扭来扭去。不允许把脚踩在他人的椅面上，或是跷到他人椅背上。

未到演出结束时，不得起立，更不能坐在座位的扶手上、椅背上，或垫高座位，从而影响他人的观看。

七、尊重演员和选手

我们在观看演出时，一定要以自己的实际行动对全体演职人员的辛勤劳动表示应有的尊重。每逢一个节目终了或一幕结束之后，按照惯例，应当热烈鼓掌，以示对演员的支持。但是鼓掌一定要有分寸，不要在演出进行期间频频鼓掌，甚至掌声经久不息。那样的话，不仅会打断演员的表演，而且也会影响到其他观众对演出的欣赏。

在观看演出时鼓掌，只能用来表示自己为演员的精彩表演而喝彩，却万万不可反其道而行之。不允许因为自己对某些演员、节目不欣赏，或者由于演出在进行之中出现了故障以及其他特殊情况，而对演员喝倒彩、鼓倒掌，让演员难堪。更不允许在演出时起哄、闹事、驱赶演员。

有时候在观看节目的过程中，因特殊事故节目中断了，这时应坐在座位上耐心等候，不要大喊大叫或敲打椅子。这些都是缺乏修养的行为。

看球赛时，应自觉做个文明球迷，为双方运动员的精彩表演鼓掌；当客队占优势或取胜时，不应喝倒彩或起哄。

对于演员的表演或节目有意见时，可在演出结束之后通过适当的途径进行反映，不允许当场有过激的表示或举动，如摔打座椅、站立吼叫、向台上乱掷废弃物或是中途退场等。即使是对此低声议论，发发牢骚，也是非常不礼貌的行为。

在观看演出时，我们不能只为自己喜欢的演员或节目叫好，对待其他演员的表演或其他节目要同样表示欢迎并鼓掌祝贺。

对自己喜欢的演员，也要为之设身处地地着想，不要侵犯其个人空间，不要毫无目的地拜访演员，尤其是不要跑到后台去拜访演员，或是一时忘情冲上台去拥抱演员，请演员签名、合影，要首先尊重对方的意愿，不要勉强、为难对方。

在演出全部结束后，应当起立鼓掌。如果演员正在台上谢幕，不能急匆匆地退场。只有在演员谢幕之后，才可井然有序地退场。

八、懂得欣赏

观看演出是一种高品位的审美活动。若想真正地因此而有所长进，应懂得如何欣赏演出。

欣赏演出是一种有目的的审美活动。对不同内容的演出的欣赏，往往有着不同的侧重点。对于观众来说，要想初步入门，学一学"内行看门道"，大体上应当重视如下的三个问题：

1.学习基础知识

要欣赏演出，先是要看得懂它。为此，就要学习与之相关的文艺基础知识。要较为全面地了解这一文艺门类的渊源、流派、代表作和著名的表演家及其艺术特色，这样方可鉴古知今。

具体到某一主要节目，亦须了解其作者、历史背景、独特之处，以及演员的个人情况和舆论的评价。这样自己才会有选择、有比较、有重点、有收获。

2.选准欣赏角度

不同的文艺门类、不同的文艺节目、不同的演员表演，自然会有不同的风格与特色。要学会欣赏，就要选好适当的角度，采取适当的方法。

比如在观看戏剧时，要选择的欣赏角度就有：是欣赏剧情还是欣赏演技；是欣赏综合表演还是欣赏某个方面的表演等。如果只是贪图面面俱到，就不会有深入的观察与独到的见解。

3.培养审美品位

观看演出，只满足于感官刺激是不足取的。唯有日积月累地进行实践，培养自己的审美品位，才能使自己通过观看演出真正地获得美感和享受。

欣赏音乐会的礼仪

到音乐厅能够做到真正的欣赏，也有一些最基本的常识，大概有如下几点：

1.到音乐厅欣赏音乐会，不单纯是一种娱乐活动，也是陶冶性情和社会交往的场所，因此，参与者着装应庄重、干净、整洁，国外一般着正装。进入演出现场，应该女士在先，男士在后，按照"以右为尊"的礼节，男士与女士坐在一起，应该女士坐在男士的右边。

2.按照时间，提前入场，这样便于熟悉和了解演出曲目，更好地欣赏音乐会。一场音乐会的主要曲目通常是中场休息之后的第一首或整场音乐会最后的压轴曲，如果是交响乐，中场休息之后通常就只有一首。这样安排次序，当然是为了避免听众于上半场结束后便离去。其次，上半场第二首曲目通常也是颇具分量的。当然，你也可能是因为喜欢音乐会中其他作品而选择这场音乐会的，非主要曲目并不表示乐曲不好，通常被选为主要曲目的作品可能是该演奏者最拿手的代表作，或是最近努力练习的新作，也可能是整场音乐会中技巧最高的，最能展现演奏者精湛的技巧的，有时是分量最重、最完整的一系列演出，如：奏鸣曲1～4乐章全部，另外也有因为是该曲目在该地区的第一次首演，或本土作曲家的重要作品，也常会被选为主要曲目。

3.一般音乐会有对儿童的入场年龄的限制，1.2米以下的儿童谢绝入场，入场观众一人一票，家长要自觉看护好自己的孩子，避免影响演出和其他观众的欣赏。

4. 对号入座，不要携带任何容易发出声音的物品和食品入场，入场后应关闭手机；音乐会开始后，不得在场内随意走动和喧哗。

5. 音乐会开始后，迟到的观众不得入场，需在指定的地点安静等候，在乐曲间隙或中场休息时安静入场。

6. 演出当中，照相时不能使用闪光灯，以免干扰演奏者的注意力，影响演奏家的正常发挥。

7. 音乐会开始时，应鼓掌迎接指挥上台。对上台演出的独奏、独唱等演员，也应给予掌声鼓励。交响乐通常会有很多个乐章，请不要在乐章与乐章之间鼓掌。当一首乐曲完全结束后，指挥会转过身来谢幕，此时观众才可以用鼓掌、喝彩来表示对艺术家们的感谢。但也有例外，如柴可夫斯基的《悲怆》交响曲，因曲目所营造的气氛悲怆，结束时音乐家与听众都沉浸在悲伤的气氛之中，因此不应鼓掌。若音乐会非常成功，请起立鼓掌感谢指挥和参与演出的音乐家，也可以喝彩。

8. 演出进行中应保持肃静，不应随意离座外出，也不应交流或打瞌睡；有特殊情况需提前退场的观众，应在一首乐曲结束后，指挥谢幕、观众鼓掌的时候悄悄离开。

9. 演出进行中严禁吸烟，不要携带宠物、危险物品入场。

10. 观众不要随意进入后台及演员休息室。

11. 观众可以用热烈的掌声来表示希望演奏家返场的要求。一般独立的乐曲于演出结束后鼓掌。若有乐章曲式的乐曲，如奏鸣曲、交响乐或是组曲等，虽然各乐章或各舞曲间，大多有暂停的时间间隔，但由于彼此之间仍具有关联性，因此在乐章或组曲之间鼓掌会破坏乐曲的整体性。即于整首交响乐或整组乐曲全部演奏完毕时才一起鼓掌。乐章之间和组曲之间不个别鼓掌。

12. 演出结束后方可向演奏者献花，但在音乐会演出中途登台献花是不适宜的。全部曲目演奏完毕后，听众应在座位上停留片刻，不要急于退场，待演奏者谢幕时，全场应起立鼓掌，以示尊敬，然后方可有秩序地退场。

参加会议的礼仪

一、主持人的礼仪

各种会议的主持人，一般由具有一定职位的人来担任，其表现对会议能否圆满成功有着重要的影响。

1.主持人应衣着整洁，大方庄重，精神饱满，切忌不修边幅，邋里邋遢。

2.走上主席台应步伐稳健有力，行走的速度因会议的性质而定，一般地说，对较热烈的会议步频应较慢。

3.入席后，如果是站立主持，应双腿并拢，腰背挺直。持稿时，右手持稿的中底部，左手五指并拢自然下垂。双手持稿时，应与胸齐高。坐姿主持时，应身体挺直，双臂前伸。两手轻按于桌沿，主持过程中，切忌出现搔头、揉眼、拦腿等不雅动作。

4.主持人言谈应口齿清楚，思维敏捷，简明扼要。

5.主持人应根据会议性质调节会议气氛，或庄重、或幽默、或沉稳、或活泼。

6.主持人对会场上的熟人不能打招呼，更不能寒暄闲谈，会议开始前或会议休息时间可点头、微笑致意。

二、会议发言人的礼仪

会议发言有正式发言和自由发言两种，前者一般是领导报告，后者一般是讨论发言。正式发言者，应衣冠整齐，走上主席台应步态自然，刚劲有力，体现一种成竹在胸、自信自强的风度与气质。发言时应口齿清晰，讲究逻辑，简明扼要。如果是书面发言，要时常抬头扫视一下会场，不能低头读稿，旁若无人。发言完毕，应对听众的倾听表示谢意。

自由发言则较随意，应注意发言要应讲究顺序和秩序，不能争抢发言；发言应简短，观点应明确；与他人有分歧，应以理服人，态度平和，听从主持人的指挥，不能只顾自己。

如果有会议参加者对发言人提问，应礼貌作答，对不能回答的问题，应机智而礼貌地说明理由，对提问人的批评和意见应认真听取，即使提问者的批评是错误的，也不应失态。

三、会议参加者礼仪

会议参加者应衣着整洁，仪表大方，准时入场，进出有序，依会议安排落座，开会时应认真听讲，不要私下小声说话或交头接耳，发言人发言结束时，应鼓掌致意，中途退场应轻手轻脚，不影响他人。

出席酒会的礼仪

酒会是一种较为流行的招待宴请活动方式。起初，它兴起于西方。而今，在国内也极其多见。它以酒水招待为主，配以食品等小吃。其规模可大可小，十几人到几百人均可。目前，酒会多用于庆贺节日、欢迎来访宾客、各种庆典、大型专题活动等。酒会的时间一般为 2～3 小时。招待酒会一般不设桌椅，只设小桌或吧台，以便于将食品置于上面供客人自取。

酒会可分为两种不同的类别：正餐之前的酒会（又称鸡尾酒会），正餐之后的酒会（又称招待会）。

在一般情况下，正规的酒会均以鸡尾酒来唱主角，酒会不过是鸡尾酒会的简称而已。酒会上所提供的酒水、点心、菜肴均以生冷的东西为主，因此它也被称作冷餐会。

鸡尾酒是一种混合酒，它由多种酒按一定比例混合而成。目前，许多酒会并没有鸡尾酒，但也统称为鸡尾酒会。鸡尾酒会大多提供香槟酒、红葡萄酒或白葡萄酒、白兰地、威士忌、啤酒和各种烈性酒等。此外，至少还要备好不含酒精的各种饮料，如汽水、矿泉水、果汁饮料等。

在社交活动中，参加酒会的机会和主办酒会的机会都是很多的。因此，了解酒会的特点和用餐的形式，对每个人而言都有其必要性。

一、酒会的特点

除了酒会以酒水为主角和以冷食为主这两大特征之外，它还具有以下几个方面的明显特点。不了解这些特点，就不容易了解酒会何以迅速普及和大受欢迎。

1.不必准时

出席酒会时，来宾到场与退场的时间一般掌握在自己手中，完全没有必要像出席正规宴会那样，非要准时到场、退退场不可。

2.不限衣着

参加酒会时，若无特别要求，则穿着打扮上不必刻意修饰，只要做到端庄大方、干净整洁即可。

3.不排席次

在酒会上，通常不为用餐者设立固定的座位，也就是说，它是不用排桌次、位次的。用餐者在用餐时，一般均须站立，找个座位稍作休息也未尝不可。

4.自由交际

与上一特点相关，因无席位限定，在酒会上用餐者完全可以自由自在地随便选择自己中意的交际对象，自由组合，随意交谈，这样一来，就不必非与不喜欢的人进行周旋了。

5.自选菜肴

与正式宴会上依选定的菜单次第上菜大不相同，在酒会上，用餐者所享用的酒水、点心、菜肴均须根据个人口味和需要自己去餐台或通过侍者选取。所以，酒会也被叫作自助餐。因此，用餐时完全有可能"择善而行"，而不必"来者不拒"，墨守成规。

二、用餐的形式

酒会虽然礼仪从简，但是也并非完全没有礼仪可讲。参加酒会时，至少有以下七个方面的礼仪。

1.掌握餐序

酒会上提供的餐食品种多，但取用时一定要依照合理的顺序而行，才能吃饱、吃好，否则很有可能会乱塞一气，撑坏了肚子，要么就是该吃的没有吃。标准的酒会餐序依次为：开胃菜、汤、热菜、点心、甜品、水果。鸡尾酒可在餐前或吃毕甜品时喝。

2.排队取食

在用餐时，不论是去餐台取菜，还是从侍者手里的托盘选择酒水，均应遵守秩序，认真排队，依次而行。必须自觉摒弃插队、不排队、哄抢等坏习惯。

3多次少取

选取菜肴时，不论是爱吃的，还是尚未尝过的，都应一次只取一点，若不够可以下一次再接着去取。这就是所谓"多次少取"。若取菜时狂取一通，是十分失礼的。

4.力戒浪费

在酒会上，自己选取酒水、点心、菜肴时，切记不要超标过量。取来的东西，必须全部吃完，扔掉或浪费都是不允许的。

5.勿施于人

在酒会上，除家人、至交外，千万不要擅自去替别人代取酒水、点心、菜肴，因为自己不可能知道此刻对方是不是有此需要，或是对此是否喜欢。出于礼貌，让一让对方，则是可行的。

6.禁止外带

在酒会上，只要有本事，吃多少、喝多少都行。但是绝对不能"顺手牵羊"，把酒会上的东西带回家。

7.适度交际

参加酒会的人可以自选对象进行交际，并不等于说参加者可以来了就吃，吃了就走。不与任何人交往，完全"闭关锁国"，是不符合酒会的要求的。

三、酒会告辞的礼仪

出席鸡尾酒会的客人应按请帖上写明的时间起身告辞。如果接到的是口头邀请（因此没有说明时间），则应该认为酒会将进行两个小时。正餐之后的酒会的告辞时间按常识而定，如果酒会不是在周末举行，那就意味着告辞时间应在晚间11时至午夜之间。若是周末，则可更晚一些。除非客人是主人的亲密朋友，一般都不应在酒会的最后阶段还心安理得地坐在那里。

在一般酒会上（除了最大型的），离开之前都应向主人当面致谢，这是礼貌。倘若你因故而不得不早一些告辞，则致谢不能引人注目，以免使其他客人认为他们也该走了。

演讲礼仪

演讲时礼仪要求是不卑不亢，雍容大方，彬彬有礼，不失身份，听众对演讲者傲慢的态度、轻佻的作风、随便的举止极为反感。演讲前，演讲者由站起到走向讲坛面对听众站立的十几秒钟里，给广大听众留下的印象非常重要，应注意：

在主持演讲的人介绍后，向主持人颔首微笑致意，然后稳健地走到讲坛前，自然地面对听众站好，向听众行举手礼、注目礼或微微鞠一躬，尔后以亲切的目光环视听众，以示招呼，并借以镇场。演讲中应注意：

1.手及头部动作不要太多。

2.走路不易过多，不可一步三晃，忸怩作态。

3.忌弯腰驼背、双手撑着讲坛或者插入衣兜内，这样会显得松垮、懒散。

4.演讲中常见的几种手势如下：

第一种，食指直伸，其余手指内屈。这是用在涉及某个话题、对象和物件时，提醒听众注意时用的。

第二种，手指向上，与耳朵约成45°角，拇指力张，食指伸直，其余手指微屈呈现自然状态，表示欢欣、请求、许诺或谦逊。

第三种，手的姿势开始呈现穿针引线或握笔写字的常规姿势，然后五指向外展开，呈现一个五指分开又绷直的手势，这是干脆、有力、大方的手势，可以强烈地吸引公众的注意。

第四种，手掌附于前额一部，与脸部表情配合，表现痛苦、慎思或自责自省的状态，是自叙性演讲常用的。

第五种，双掌合抱、高举者是祈祷、感激的示意，两肘举起，则是激愤、悲戚、怨恨情感的自然流露。

第六种，手掌向外伸展，与小臂成一定角度，随着手腕的变化，表示出不同的思想感情。手心向上，胳膊微曲，手掌稍向前伸，主要表示要挟、请求、欢迎、坦白、许诺、赞赏等意思。手心向下，胳膊微曲，手掌稍向前伸，主要表示神秘、压抑、否认、回绝、反对、不快等意思。

第七种，紧握拳头，或高举或挥动，或直锤或斜击，一般表示演讲者的愤怒、决断、警告等强烈情感。

第八种，肩部以上的动作手势表示理想、拼搏、张扬、向上的内容和情感；动作在肩部至腹部，多表示平静的记述事物和说明事理，腰腹部以下的动作表示憎恶、鄙夷、不屑、厌烦等内容和情感。手势动作要和演讲内容一致，和演讲者的身份、职业、年龄一致。美国前总统尼克松在一次记者招待会上，举起双手招呼记者站起来，嘴上却说"大家请坐"；还有一次用手指着听众，嘴上却说"我"，然后又指着自己说"你们"，都留下了笑柄。因为手势在演讲中的作用既特殊又很重要，所以很多成功的演讲家都非常重视手势的作用，丘吉尔经常对着镜子练习手势的动作，闻一多演讲前都要精心设计每一个手势。

5.眼睛不能总看讲稿、照本宣科地念讲稿。

6.不能靠在桌子或椅子上。

7.演讲时要头部端庄，举止自然大方，仪态符合站、坐、行的礼仪。

8.演讲者声音发出的方向应该沿着嘴部的水平线而稍微向上，注意声音的力度、发音的规范、语音的正确、音色的考究。

9.演讲中对听众的称呼有泛称和类称两种，泛称是具有较大的广泛性，能普遍使用的称呼，如"同志们""同胞们""朋友们"等；类称是指具体适用于某一类别的称呼，如"领导们""同学们""战友们"等。使用泛称还是类称应灵活掌握。如演讲家曲啸在对劳教人员演讲时使用了"触犯了国家法律的年轻朋友们"，一下子拉近了与劳教人员的心理距离，使演讲效力大大增强。

10.注意克服以下不美的演讲语言：

无意义的杂音、鼻音等。

语调矫揉造作。

过多方言、外来语。

不堪入耳的粗语。

习惯赘语如"这就是说""反正"等。

夸大其词的语言。

吞吞吐吐的语言。

走下讲坛时的礼仪应该是向听众点头示意或稍鞠一躬，然后含笑退场，如遇听众鼓掌应表示感谢并面向听众敬礼，态度应真诚、谦逊。避免退回座位时过于激动、匆忙或洋洋得意或羞怯、忸怩。

电梯礼仪

现代社会高层建筑越来越多，乘电梯也成了人们生活工作中不可缺少的部分，因此有必要谈谈乘电梯时的礼仪。

电梯其实是一个非常特殊的环境，在美国由于电梯上的犯罪率很高，有很多人恐惧乘坐电梯，甚至在心理学中也有电梯心理课程。一般居住楼房电梯的乘坐人数在15人左右，医院写字楼的电梯可能会达到30人，而使用电梯的过程中，电梯处于密闭状态，乘坐的人有时又互不相识，所以，在这种环境下，讲究电梯礼仪非常重要，还能给人以一种安全感。那么如何遵守电梯礼仪呢？

1.注意电梯内卫生

电梯内是严禁吸烟的，可能导致严重的火灾发生。同时乘坐电梯时携带刺激性气味的物品或者吃东西、喝饮料也是不雅的行为。

2.注意安全

轻按按钮，不随意扒门，更不能在电梯内乱蹦乱跳；不要大声喧哗；不要超载运行；遇到故障及时拨打救援电话；遇火灾不能使用电梯。

3.按次序等候电梯

在等候电梯时需要排队或尽量按次序等待，不可围堵在电梯门口，一般站立在靠右侧电梯门附近，这样可以给出入电梯的人留出一定的空间。等待电梯要安静，不可焦急的反复按动电梯按钮。电梯到达时，要先让电梯内的人出来后方可按顺序进入电梯。

4.进出电梯要迅速

迅速并不是匆忙，进出电梯时不可推挤他人，但也不可让别人久等。第一位进入电梯的人应该按住开门键等待其他人进入电梯，先进入电梯的人应当靠两边或靠里侧站立，切忌站在电梯门口或中央。出电梯时应该按住电梯开门键，待其他人离开后方可离开或按关门键。在社交或商务场合中，应让女士或客户优先进入电梯，若你是负责接待来宾的，应先进入电梯后按住开门键，待来宾进入电梯后按关门键。当与陌生人同乘电梯时，或者电梯内人数很多时，所有人都要依次"面门而立"；当引领一两位客人同乘电梯，而电梯内又无其他人时，应让对方在里侧面门站立，自己则站在电梯控制面板处，侧身与对方呈45°角站立。

5.乘坐过程中要热情大方

有人进入电梯，可主动跟对方简单的打个招呼或微笑。靠电梯按键近的人应按住开门键方便他人进出，待电梯关门后，应当主动询问是否还有去其他楼层的人。乘坐电梯切忌过分拥挤，不可与别人贴得过近，也不要长时间盯着某人看，这些都是不礼貌的。在电梯中不可吸烟、大声说话或大声打电话。

6.请勿在电梯内整理仪容

现在的很多电梯内侧装饰了带镜面的材料。但是，这些"镜面"不是用来整理仪容的。尤其是电梯内有他人同乘，不应该独自面对"镜子"修饰自己的面容或着装；即便电梯内只有你一个人也不要这样，殊不知多数电梯内安装了摄像头，你的一举一动可能已经传到了别人的眼里。整理仪容是很私密的举动，应该放在洗手间进行。

7.应主动帮助残疾人和小孩，要做到女士优先。在电梯这个特殊的小环境中，应给人以安全感和一种舒适的感觉，不要让他人或自己不舒服。

上下楼梯礼仪

1.上下楼梯步伐要轻，注意姿态、速度，不能拥挤、奔跑。

2.上下楼梯，靠右通行，不应多人并排行走。这是国际通行的惯例。要坚持自右侧而上，自右侧而下的原则。这样一来，有急事的人，便可得以快速通过。

3.乘坐滚梯要遵循靠右站立的原则，左侧留给急行的人。

4.引导受尊重的人，比如老人、女士、客户等上楼梯，请对方走在前面，下楼梯自己走在前面，这样可以保证对方的安全。

5.要减少在楼梯上的停留时间。楼梯多是人来人往之处，所以不要在楼梯上休息、站在楼梯上与人交谈或是在楼梯上缓慢地行进。

6.上下楼梯，应保持与前后人员的距离，以防碰撞。

7.若携带较多物品上下楼梯应等楼梯上人较少时再走，以免相互影响。

8.要注意礼让。上下楼梯时，千万不要同他人争抢。

出于礼貌，可请对方先行。上下楼梯时，头要正，背要伸直，胸要微挺，臀部要收紧，膝盖要弯曲。上楼梯时一般应男士在前，特别是夏季。

排队礼仪

排队在很多情况下对全体人员来说是效率较高的解决问题的方式之一。任何人没有特权不排队，你唯一要做的就是接在队伍的末端。排队，简单来说，就是人们按照先来后到的顺序一个挨一个的排列成队，以便依次从事某事。在排队时，应当遵守的礼仪规范有以下六点：

1. 自觉排队

排队的时候，要保持耐心。不要起哄、拥挤、插队或破坏排队的秩序。即使前面有你熟识的人，也不要插队。排队自觉与否虽是区区小节，但却能反映出人格的一个侧面。

2. 遵守顺序

排队的基本原则是：先来后到、依次而行。排队时，一定要遵守并维护这一秩序，不仅要自己做到不插队，而且还要做到不让自己的熟人插队。

3. 保持适当间隔

排队时，大家均应缓步而行，人与人之间最好保持0.5米左右的间隔，至少不能紧贴着前面的人，否则会让人很不舒服，甚至会影响他人。

4. 不横穿排好的队伍

如果别人排好了队，不要从别人的队伍里横穿过去。不得已的情况下，请先说声"对不起"。

5. 可以有效利用排队的时间

排队时可以随身携带一份报纸或者一本口袋书，这在很多排队的场合非常有用。既可以打发时间，也可以把该做的事完成。不要怕别人的白眼，拿本单词手册也可以。

6. 不同场合的排队礼仪

银行：在银行办理相关业务时，应按照银行划定的区域按顺序排队。前面的人在窗口办理业务时，后者应在1米线后等待。窥视、越步上前询问或未等前人办完就争抢办理业务，都是非常不礼貌的行为。

车站：等候公共汽车时应按顺序排队。上车时不要拥挤占座，要有秩序地礼让乘车。在机场、火车站等场所，等候出租车时应该到指定区域排队上车。

餐厅：餐厅或食堂都是公共场所，排队等候需要有一定的耐心，不要敲击碗筷，制造不安的气氛。

集会礼仪

学校集会，一般是在一个年级组以上的人数中举行，规模比较大。这种集会有时在礼堂里举行，有时在操场举行。每个参加集会的教师或学生，都应当顾全大局，遵守礼仪。

1.学生参加这种集会要有较强的时间观念，最好能提前几分钟到达集会地点，以保证集会准时开始，不能因自己的迟到，而延误开会时间；如果因自己姗姗来迟而白白浪费大家的宝贵时间，是种不礼貌的行为。

2.集会的速度要快，要养成讲效率的好作风。要使队列在最短的时间内整理好，保持一种良好的精神面貌，即使是在操场集合，也要做到快、静、齐。集会进行时，不要勾肩搭背，任意谈笑。

3.进入会场后要按指定地点入座。要服从会场工作人员的安排，鱼贯而入，秩序井然，更要反对争抢好座位和欺压小同学或女同学的行为。兄弟班级之间，要发扬风格，要互谅互让，反对相互攀比和斤斤计较等不良风气。

4.集会开始后，同学们不可随便走动和发出声响，以免影响报告人的情绪和其他人听讲，影响班集体荣誉。迟到会场，同学们应悄悄入队或入场，坐在后排的座位上，不能大摇大摆地走到前面，尽量避免分散别人注意力。若因上厕所等原因必须暂时离开会场，应弯腰悄悄出去，尽量减少对别人的干扰。

5.在开会的过程中，要集中精力，认真听讲，不能打闹说笑。没有特殊的原因，不能中途退席。主讲人讲到精彩处，要热烈鼓掌，报告结束时，也要鼓掌以示感谢。

6.在会上发言前要向观众行深度鞠躬礼（少先队员在队会上行队礼）；发言结束时要说"谢谢"，并行鞠躬礼。接受奖品要立正，上身前倾双手接过，然后行鞠躬礼。

7.在集会结束离开会场时，也要服从全场工作人员的指挥。要按次序出场，切忌一哄而散，争先恐后，使门口拥挤堵塞，以致造成不必要的事故。

每个置身于集体之中的人，其个人的行为都与整体利益有关，尤其在集会的时候，更应检点自己的举止。那种我行我素、无视集体的言行，都会被旁人看成是缺乏教养的表现。

舞会上的礼仪

舞会是一种最普遍的社交场合，它能促进人们之间的交往并增进友谊。舞会的气氛固然轻松随便，但种种礼仪却不可忽视。

一、舞会的种类

1.私人舞会

美国的任何家庭，只要有一定的人力和财力，便可以举办私人舞会。舞会可以在家中举行，也可以在旅馆或俱乐部租场地举行。美国舞会十分频繁，向俱乐部和旅馆租借房间往往需要在一年前约定。如果想在近期内举行舞会，可以打电话同经理联系，请求帮助。

时间和地点确定后，应该联系乐队、确定客人名单和发送请柬。舞会的请柬通常以女主人的名义发出。独身男子也可以举办舞会。舞会上应邀请男宾多于女宾，以免女宾无人伴舞。因此在舞会前，男宾可以打电话给主人，请求带另一男伴参加，但不能要求带另一女伴。

舞会上，女主人可以为来宾安排好座位姓名卡，并商量花商前来送花，当场把鲜花送给每位客人。

（1）正餐舞会

正餐舞会通常于傍晚举行。舞会开始约一小时后吃晚饭。参加正餐舞会的客人最迟应于舞会开始后半小时内到达，一般按座位姓名卡就座。

客人基本到齐并就座后就可以开始跳舞。每位男宾应首先邀请坐在自己左侧的女宾跳舞，然后再邀请其他女宾。初进社交界的女子即使没有坐在父亲左侧，通常也由父亲首先邀她跳舞。

正餐舞会结束后，上各种饮料。咖啡一般放在桌子上，其他饮料则由服务员递送。这时客人可以随便坐，舞会继续到午夜时分，可能提供少量的三明治或蛋糕。

如果在家里举行正餐舞会，晚餐多采用自助餐的形式。宾客可以自取食物，随意地围坐在桌旁选择谈话的伴侣。

（2）晚餐舞会

晚餐舞会不论开始还是结束都比正餐舞会晚得多，约在晚上10点到11点开始，次日凌晨结束。

晚餐舞会上并不正式吃饭，而是从午夜12点或翌日1点开始供应一些简单的食物。客人们要先吃过晚饭后才可前去参加舞会。晚餐舞会没有固定的座位，客人也不坐在桌子旁。但舞厅和隔壁房间有足够的椅子供客人们休息。

参加晚餐舞会，可以比规定时间晚到一小时，也不必非留到舞会结束不可。在传统的舞会上，最后一遍华尔兹跳过后就可离去。

2.募捐舞会

募捐舞会是一种靠组织舞会来赚钱的商业性活动。美国许多慈善组织和基金会都靠举行一年一度的募捐舞会来增加收入。此舞会是他们积累基金的主要途径之一。

美国一些著名的福利组织往往以名人如总统夫人、副总统夫人或其他高级官员作后台，组织募捐舞会，其收益是用来救济贫民，或帮助外国移民以及兴办慈善事业的。所以不少美国人对这类募捐舞会很热心，乐于慷慨解囊。许多外国驻美使馆也愿意为募捐舞会提供场所并给予支持。

二、舞会上的礼仪

1.同性不宜共舞

根据国际惯例，两位男士共舞等于宣告他们不愿意邀请在场的任何一位女性，无形中表明他们是同性恋关系。两位女士也应尽量不共舞，尤其是在有外宾的情况下以及在国外的舞会上，我们要注意这一点。

2.邀请女士应该注意的

舞曲奏响以后，男士要大方地走到女士面前邀请，如果女士与家人同在，则应先向女方的亲属点头致意，并征得他们的同意后，走到女士面前立正，微欠身致意说："小姐，可以请您跳舞吗？"有时还要向陪伴女方的男士征求说："先生，我可以请这位小姐共舞吗？"得到允许后，再与女士走进舞池共舞。

3.当女方主动时

一般情况下，女士是不用主动邀请男士的，但特殊情况下，需要请长者或者贵宾时，则可以不失身份地表达："先生，请您赏光。"或"我能有幸邀请您跳支舞吗？"

4.两位男士同时发出邀请时

从国际礼仪的角度考虑不难解决，女士面对两位或者两位以上的邀请者，最能顾全他们面子的做法，是全部委婉的谢绝。要是两位男士一前一后走过来邀请，则可以"先来后到"为顺序，接受先到者的邀请，同时诚恳地对后面的人说："很抱歉，下一次吧。"并要尽量兑现自己的承诺。

5.不要总和一个人跳舞

依照规矩，结伴而来的一对男女，只要一同跳第一支舞曲就可以了。从第二支曲子开始，大家应该有意识地交换舞伴，认识更多的朋友。

6.不要轻易拒绝邀请

舞会是通过跳舞交友、会友的场合，所以在舞会上女士不能轻易拒绝他人的邀请。女士可以拒绝个别感觉不佳的男士的邀请，但要注意分寸和礼貌用语，要委婉地表达。

7.共舞顺序

较正式的舞会第一场舞由主人夫妇、主宾夫妇共舞；第二场舞，男主人和主宾夫人、女主人和男主宾共舞。如果没有特殊邀请，第一场舞最好不要马上加入。

8.共舞时如何聊天

如果是初次见面，共舞时首先介绍自己是必要的，作自我介绍时，态度要谦虚，即使自己有一技之长或身居要职也不要夸耀自己，以免招来别人的反感。与女士共舞的时候可以适度赞美自己的舞伴，但是不应以诋毁别人或者恶意点评其他女士的行为去讨好你的舞伴，没准她们就是好朋友。

9.男士的绅士风度

在舞会上最能体现一个人的绅士风度。例如：跳舞中要保持一定的距离，左手轻扶舞伴的后腰（略高于腰部），右手轻托舞伴的右掌，尤其在旋转的时候，男士一定要舞步稳健，动作协调，同舞伴一起享受华尔兹的优美。万一，发现女士晕眩，男士一定要做好"护花使者"，护送回原位。在一支曲子结束后，要礼貌地将女士送回原座位，道谢后，再去邀请另一位女士。

10.舞会后尽量送女伴回家

舞会结束后，如果有条件要开自己的车或打车送女伴回家，别忘了感谢女伴接受邀请参加晚会。一般是看着女友走近楼门或家门。更礼貌的做法是，把女友送到她的家门口。

11.何时离开舞会

无论是参加朋友的私人舞会，还是正式的大型舞会，遵守时间是首要的礼仪，要准时到达。至于什么时间离开舞会较为合适，朋友的私人舞会最好要坚持到舞会结束后再离去，也是对朋友的支持。至于其他的舞会，只要不是只跳了一支曲子就离开，显得应酬的色彩过浓就可以了。

三、舞会着装要求

1.如果是亲朋好友在家里举办的小型生日宴会等活动，要选择与舞会的氛围协调一致的服装，女士则最好穿便于舞动的裙装或穿旗袍，搭配色彩协调的高跟皮鞋。

2.作为男士，一定要头发干净，衣着整洁。一般的舞会可以穿深色西装，如果是夏季，可以穿浅色的衬衣，打领带，最好穿长袖衬衣。

3.如果应邀参加的是大型正规的舞会，或者有外宾参加，这时的请束会注明：请穿着礼服。接到这样的请束一定要提早作准备，女士在出席正式的场合要穿晚礼服。晚礼服源自法国，法语是"袒胸露背"的意思。有条件经常参加盛大晚会的女士应该准备晚礼服，偶尔用一次的可以向婚纱店租借。近年也有穿旗袍改良的晚礼服，既有中国的民族特色又端庄典雅，适合中国女性的气质。

小手袋是晚礼服的必须配饰，另外，穿晚礼服一定要佩戴首饰。露肤的晚礼服一定要佩戴成套的首饰，如项链、耳环、手镯等。晚礼服是盛装，因此最好要佩戴贵重的珠宝首饰，在灯光的照耀下，首饰会为你增添光彩。

男士的礼服一般是黑色的燕尾服，黑色的皮鞋。正式的场合也需戴白色的手套。男士的头发一定要清洁，因为跳舞时两人的距离较近，保持口腔卫生，最好用口腔清新剂。

四、舞会禁忌

1.当个不合群的冰山美人

在舞会之中，人人笑逐颜开，你却像是去讨债似的摆个冷脸，谁也不理，只是自顾自地吃吃喝喝；或是因为不善交际，便跑到墙边当壁花，这都不合乎舞会应有的礼仪。参加舞会就是要多认识新朋友，拓展社交圈。而一个尽责的舞会主人则应该带新朋友绕场一周，看看能介绍什么人让他认识；如果想不到有什么话题，不妨就从自己开始聊起。

2.盯着别人喋喋不休

舞会主人要招呼的宾客不只是一两个人，虽说没必要像只花蝴蝶飞来飞去，但也不能硬生生地把自己当蜡烛。某位客人到达之后，主人与他寒暄几句，就该适时地把他介绍给其他人，以免冷落了其余的客人。有什么绵绵不断的体己话，留待恰当的时候再说吧。

3.饮酒缺乏自制

虽说酒精能使人兴奋起来，让整个舞会的气氛更加热烈，但是喝多了，不管是胡言乱语或是当场大吐特吐，都会让一场欢喜变成一场闹剧。作为主人不妨在美酒旁置备些小点心和牛奶，帮助宾客保护胃壁。作为客人，酒量如何，自己心里应该有数。

4.不顾餐桌礼仪

举办家庭舞会，最好备有自助式的小点心让人果腹。参加者若是饿着肚子前往，站在餐桌前狼吞虎咽，那还不如先到超市去买一车食物回家，何必到舞会上把自己的吃相公开在众人面前呢？

乘车礼仪

有一次，丘吉尔准备去参加一个重要会议，司机早早去接他。偏偏那天丘吉尔心情特别好，想过把开车瘾，就和司机换了位置，自己开着车去会场。

他们快到会场时，一个工作人员看到了丘吉尔在驾驶汽车，一下子神情慌张起来，跑到大会负责人那里，着急地说："坏了坏了，不知道来了什么大人物！"负责人很奇怪："为什么呢？""丘吉尔为他开车呢！"

在快节奏的现代生活中，人们经常要乘坐或接触各种车辆，包括轿车、公交车、地铁、旅游车，甚至还会观赏到赛车的比赛。有时，长途远行还要搭乘飞机。这些现代的交通工具，具有节省体力、方便舒适、快速省时、较为安全等特点，因而已成为现代社会中人们日常生活的重要组成部分。

自轿车发明以来，车内座位就根据安全、舒适、方便等因素，被人们规定了尊卑、主次之座位。乘坐轿车，也为我们的工作、生活带来了巨大的便捷。乘车之时，虽然短暂，但仍要保持风度。乘坐轿车时，应当注意的礼仪问题主要涉及举止、座次、上下车顺序等几个方面。

1.上下车的姿态

上车下车，看似简单，其实大有学问，对于女士而言，则尤显重要。女士上下轿车，要采用背入式或正出式，即将身子背向车厢入座，坐定后随即将双腿同时缩入车厢。如穿长裙，在关上车门前应先将裙子理好；准备下车时，应将身体尽量移近车门，车门打开后，先将双腿踏出车外，然后将身体重心移至双脚，头部先出，然后再把整个身体移出车外。这样可以有效避免"走光"的现象发生，也会显得姿态优雅。若穿低胸服装，不防加披一条围巾，以免弯身下车时出现难为情的局面，也可利用钱包或手袋轻按胸前，并保持身体稍直。

2.座次有别

在比较正规的场合，乘坐轿车时一定要分清座次的尊卑，并在自己合适之处就座。而在非正式场合，则不必过分拘礼。

座次礼仪规则可概括为"四个为尊，三个为上"。"四个为尊"是客人为尊、长者为尊、领导为尊、女士为尊；"三个为上"是方便为上、安全为上、尊重为上，以这三个原则安排座次，其中"尊重为上"的原则最重要。

轿车上座次的尊卑，从礼仪上讲，主要取决于下述四个因素：

1.轿车的驾驶者

驾车的司机一般有两种人：一种是轿车主人，另一种是专职司机。国内目前所见的轿车多为双排座与三排座，车上座次尊卑的差异如下：

（1）主人亲自驾车时：

当主人或领导亲自驾车的时候，此时一般称之为社交用车，上座为副驾驶座。这种情况，一般以前排座为上，后排座为下；以右为尊，以左为卑。这种坐法体现出"尊重为上"的原则，体现出客人对开车者的尊重，表示平起平坐，亲密友善。

双排五人座轿车，顺序是：副驾驶座→后排右座→后排左座→后排中座。

双排六人座轿车，顺序是：前排右座→前排中座→后排右座→后排左座→后排中座。

三排七人座轿车，顺序是：副驾驶座→后排右座→后排左座→后排中座→中排右座→中排左座。

三排九人座轿车，顺序是：前排右座→前排中座→中排右座→中排中座→中排左座→后排右座→后排中座→后排左座。

乘坐主人驾驶的轿车时，最重要的是不能冷落主人，也就是不能令前排座位"虚位以待"，一定要有人坐在那里，以示相伴。由男士驾驶自己的轿车时，若夫人或女友在场，一般应坐在副驾驶座上。

由主人驾车送其友人夫妇回家时，其友人之中的男士，一定要坐在副驾驶的座位上，与主人相伴，而不宜形影不离地与自己夫人坐在后排，那是失礼的表现。若同坐多人，中途坐前座的客人下车后，在后面坐的客人应改坐前座，此项礼节最易疏忽。

（2）专职司机驾车时：

由于右侧上下车更方便，因此要以右尊左卑为原则，同时后排为上，前排为下。在接待非常重要客人的场合，比如政府要员、重要外宾、重要企业家，这时上座是司机后座，因为该位置的隐秘性好，而且是车上安全系数较高的位置。

双排五人座轿车，顺序是：后排右座→后排左座→后排中座→副驾驶座。

双排六人座轿车，顺序是：后排右座→后排左座→后排中座→前排右座→前排中座。

三排七人座轿车，顺序是：后排右座→后排左座→后排中座→中排右座→中排左座→副驾驶座。

三排九人座轿车，顺序是：中排右座→中排中座→中排左座→后排右座→后排中座→后排左座→前排右座→前排中座。

在轿车上女性不宜坐于异性中央。

2.轿车的类型

上述方法，主要适用于双排座、三排座轿车，对于其他一些特殊类型的轿车并不适用。

吉普车，简称吉普，它是一种轻型越野轿车。它大都是四座车。吉普车底盘高、功率大，主要功能是越野，坐在后排颠簸得厉害。不管由谁驾驶，吉普车上座次由尊而卑依次是：副驾驶座，后排右座，后排左座。

多排座轿车，指的是四排及四排以上座次的大中型轿车。不论由何人驾驶，均以前排为上，以后排为下；以右为尊，以左为卑；并以距离前门的远近，来排定其具体座次的尊卑。

以一辆六排十七座的中型轿车为例，依次应为：第二排右座→第二排中座→第二排左座→第三排右座→第三排中座→第三排左座→第四排右座……

3.轿车上座次的安全系数

从某种意义上讲，乘坐轿车理当优先考虑安全问题。在轿车上，后排座比前排座要安全得多。最不安全的座位，当数前排右座。最安全的座位，则当推后排左座（驾驶座之后），或是后排中座。

当主人亲自开车时，之所以以副驾驶座为上座，既是为了表示对主人的尊重，也是为了显示与之同舟共济。由专人驾车时，副驾驶座一般也叫随员座，通常坐于此处者多为随员、译员、警卫等。

有鉴于此，一般不应让女士坐于专职司机驾驶的轿车的前排座，孩子与尊长也不宜在此座就座。

4.轿车上嘉宾的本人意愿

通常，在正式场合乘坐轿车时，应请尊长、女士、来宾就座于上座，这是给予对方的一种礼遇。然而，更为重要的是，与此同时，不要忘了尊重嘉宾本人的意愿和选择，并应将这一条放在最重要的位置。应当认定：必须尊重嘉宾本人对轿车座次的选择，嘉宾坐在哪里，即应认定那里是上座。即便嘉宾不明白座次，坐错了地方，也不要轻易对其指出或纠正。这时，务必要讲求"主随客便"的原则。

●车内礼仪

与他人一同乘坐轿车时，虽然轿车的空间很小，但那也是一处公共场所。由于这个移动的公共场所的特殊性，因此更有必要注意相应的礼仪。

1.乘坐轿车要注意礼让

上下轿车，要井然有序，相互礼让。轿车上的座位有的宽敞舒适，有的位置相对狭小。不能按照自己的意愿抢占座位，也不能替别人占座。

2.乘坐轿车动作要优雅，注意分寸

在轿车上，更要注意举止。因为轿车的空间相对较小，空气流动相对不很顺畅，遇到天冷或者天热，车内温度可能不尽人意。因此，在轿车内不要东倒西歪，嘻笑打闹，也不能因为温度过高随意脱掉衣衫。尤其有异性同乘轿车时，更要注意保持距离、把握分寸，以免给人轻薄之闲。

3.格外注意车内卫生

尽量不要在车内吸烟，尤其轿车的主人是女士，更要加倍注意。在轿车内吸烟也是火灾的巨大隐患。此外，也不能在车上连吃带喝，杂物更不能抛出车外。在车上脱鞋、脱袜、换衣服，都很不雅。最不能让人容忍的是将脚伸向前方或者伸出窗外，这些都将严重影响你的个人形象，也会影响他人的心情。

4.乘坐轿车要时刻注意安全

与驾驶者交谈，要注意分寸，避免其走神。不要让驾驶者接听手机或看报刊等。协助老人、女士、来宾上车时，可为之开门、关门、封顶。车门要轻开轻关，注意别夹伤人。自己上下车时，应先看后行，避免疏忽大意、造成事故。

5.上下车顺序

上下轿车的顺序，也有很大学问，也是有礼可循的。倘若条件允许，须请尊长、女士、来宾先上车，后下车。具体而言，又分为多种情况，主要包括：

主人亲自驾车

主人驾驶轿车时，出于对乘客的尊重和照顾，如有可能，应后上车，先下车。

分坐于前后排

乘坐由专职司机驾驶的轿车时，坐于前排者，大都应后上车，先下车，以便照顾后排者，因为此时，后排客人是受尊重的一方。

同坐于后排

应请尊长、女士、来宾从右侧车门先上，自己再从左侧车门后上车；下车时，自己先从左侧下车，从车后绕过来帮助对方开门。

若车停于闹市，左侧车门不宜开启，则于右门上车时，自然里座先上，外座后上；下车时相反。总之，以方便易行为宜。

折叠座位的轿车

为了上下车方便，坐在折叠座位上的人，应当最后上车，最先下车。

乘坐多排轿车

乘坐多排轿车时，通常应以距离车门的远近为序。上车时，距车门最远者先上，其他人随后由远而近依次而上。下车时，距车门最近者先下，其他人随后由近而远依次而下。

乘飞机礼仪

现代社会生活中，飞机已经成为非常普遍的交通工具之一，人们需要经常乘飞机出差、开会、旅行。因此，也应该知道乘飞机时的礼仪。一般来说，乘飞机要注意的礼仪包括三个方面：一是登机前的候机礼仪；二是登上飞机后的机舱礼仪；三是到达目的地下飞机出机场的礼仪。

一、登机前的礼仪

1.提前一段时间去机场

这是乘坐飞机前的基本要求。一般来说，国内航班要求提前半小时到达，国际航班需要提前一小时到达，以便托运行李、检查机票、确认身份、安全检查。遇到雨、雪、雾等特殊天气，应该提前与机场或航空公司取得联系，确认航班的起落时间。

2.行李要尽可能轻便

手提行李一般不要超重、超大，其他行李要托运。国际航班上，对行李的重量有严格限制，一般为32～64公斤（不同航线有不同的规定）。如果行李超重，要按一定的比例收费。应将金属的物品装在托运行李中。

在机场，旅客可以使用行李车来运送行李。在使用行李车时要注意爱护，不要损坏。在座位上休息时，行李车不要横在通道内，以免影响其他旅客通行。

3.乘坐飞机前要领取登机牌

大多数航班都是在登记行李时由工作人员为你选择座位卡。登机牌要在候机室和登机时出示。如果你没有提前购买机票或未定到座位，需在大厅的机票柜台买票登机。

现在的电子客票基本是用有效的证件，到机场自助办理登机牌。但是，在有些城市的较小的机场还需要人工办理。在旅客换完登机牌后，一定要注意看登机牌的具体登机时间。

如果航班有所延误，需要听从工作人员的指挥，不能乱嚷乱叫，造成秩序的混乱。

4.通过安全检查

乘飞机要切记安全第一，不要拒绝安全检查，更不能贪图方便而从安全检查门以外的其他途径登机。

乘客应配合安检人员的工作，将有效证件（身份证、护照等）、机票、登机牌交安检人员查验。放行后通过安检门时，需要将电话、钥匙、小刀等金属物品放入指定位置，手提行李放入传送带。

当遇到安检人员对自己所携带的物品产生质疑时，应积极配合。若有违禁物品，要妥善处理，不应妄加争辩，扰乱秩序。

乘客通过安检门后，注意将有效证件、机票收好，以免遗失，只需持登机牌进入候机室等待即可。

对于乘客所携带的液体物品的数量，航空公司有严格的限制。当需要携带过多的饮料、酒等物品时，请提前与相关部门确认。

5.候机厅内礼仪

在前往登机口的途中，可乘坐扶梯，但要单排靠右站立，将左侧留给需要急行的人。

在候机大厅内，一个人只能坐一个位子，不要用行李占位子。而且注意异性之间不要过于亲密。

候机厅内设有专门的吸烟区，除此之外都是严禁吸烟的。

候机厅里面一般设有商店、书店等，如果等待的时间较长，可以在此浏览观看商品，但是要注意不能大声喧哗。

6.向空中小姐致意

上下飞机时，均有空中小姐站立在机舱门口迎送乘客。她们会向每一位通过舱门的乘客热情问候。此时，作为乘客应有礼貌的点头致意或问好。

二、乘机时的礼仪

登机后，旅客需要根据飞机上座位的标号按秩序对号入座。

飞机座位分为两个主要等级，也就是头等舱和经济舱。经济舱的座位设在中间到机尾的地方，占机身 3/4 的空间或更多一些，座位安排较紧；头等舱的座位设在靠近机头的部分，服务较经济舱好，但票价较高。

登机后，经济舱的乘客不要因头等舱人员稀少就抢坐头等舱的空位。找到自己的座位后，要将随身携带的物品放在座位头顶的行李箱内，较贵重的东西放在座位下面，自己保管好，不要在过道上停留太久。

1. 飞机起飞前

乘务员通常给旅客示范如何使用氧气面具和救生器具，以防意外。当飞机起飞和降落时，要系好安全带。飞机上要遵守禁止吸烟的规则，同时禁止使用移动电话、收音机、便携式电脑、游戏机等电子设备。在飞行的过程中，一定不要使用手机，以免干扰飞机的系统，造成严重后果。在飞机起飞和降落以及飞行期间都要系好安全带。

2. 飞机起飞后

乘客可以看书、看报。邻座旅客之间可以进行交谈，但不要隔着座位说话，也不要前后座说话。不宜谈论有关劫机、撞机、坠机一类的不幸事件，也不要对飞机的性能与飞行信口开河，以免增加他人的心理压力，制造恐慌。飞机上的座椅可以小幅度调整靠背的角度，但应考虑前后座的乘客，不要突然放下座椅靠背，或突然推回原位。更不能跷起二郎腿摇摆颤动，这会引起他人的反感。

用餐时要将座椅复原，吃东西不要发出声音。飞机上的饮料是不限量免费供应的。但需要注意的是，在要饮料的时候，只能先要一种，喝完了再要，以免饮料洒落。而且，由于飞机上的卫生间有限，旅客应尽量避免狂饮酒水。在乘务员发饮料的时候，坐在外边的旅客应该主动询问里面的旅客需要什么，并帮助乘务员递进去。

在飞机上是可以喝酒的，但只是为了促进食欲，不能像在饭店里一样推杯换盏，尤其要注意的是，千万不要酗酒。

由于飞机所能承受的垃圾数量有限，所以旅客最好不自带零食，尤其是一些带壳的零食。此外，旅客不要把飞机上提供的非一次性用品带走，比如餐盘、耳机、毛毯等。

在飞机上，因为人们旅途比较劳累，为了更舒服地旅行，可以脱下鞋子充分地休息。所以，脱鞋行为本身并不失礼，但是不能因为脱鞋而"污染"空气味道，给其他旅客带来不快。因此，在您乘坐飞机之前，应换上干净的鞋子和袜子。如果还不能"抑制"味道，您可以去盥洗室换上一双拖鞋，甚至把双脚用消毒纸巾擦净，再把有味道的鞋子和袜子装在塑料袋里，然后再回到座位或客舱里，并把放鞋的袋子放在不碍事的地方，就不会失礼于人了。

避免小孩在飞机上嬉戏喧闹。

遇到飞机误点或改降、迫降时不要紧张，最好不要向空姐乱发脾气，实际上这样的行为对于整个事件无济于事。

3.在飞机上使用盥洗室和卫生间

要注意按次序等候，注意保持清洁。不能在供应饮食时到洗手间去，因为餐车放在通道中，其他人无法穿过。如果晕机，可想办法分散注意力，如若呕吐，要吐在清洁袋内，如有问题，可打开头顶上方的呼唤信号，求得乘务员的帮助。

三、停机后的事项

停机后，要等飞机完全停稳后，乘客再打开行李箱，带好随身物品，按次序下机。飞机未停稳前，不可起立走动或拿取行李，以免摔落伤人。

下飞机后，通过海关便可凭行李卡认领托运行李。许多国际机场都有传送带设备，也有手推车以方便搬运行李，还有机场行李搬运员可协助乘客。在机场除了机场行李搬运员要给小费外，其他人不给小费。

下飞机后，如一时找不到自己的行李，可通过机场行李管理人员查寻，并填写申报单交航空公司。如果行李确实丢失，航空公司会照章赔偿。

乘火车礼仪

乘坐火车的礼仪包括候车、上车、寻位、休息、用餐、交际、下车等几个方面：

1.有序候车

因火车停靠时间短，因此，乘火车要提前到站等候。在候车厅等候时，要爱护候车室的公共设施，不要大声喧哗，携带的物品要放在座位下方或前部，不抢占座位或多占座位，不要躺在座位上使别人无法休息。保持候车室内的卫生，不要随地吐痰，不要乱扔果皮纸屑。

乘坐火车，均应预先购票，持票上车。万一来不及买票，应上车时预先声明，并尽快补票。

如果需要进站接送亲友，需要购买站台票。

2.排队上车

检票时要自觉排队，不要拥挤、插队。进入站台后，要站在安全线后面等候。要等火车停稳后，方可在指定车厢排队上车。

上车时，不要拥挤、插队，不应从车窗上车。应有次序地进入车厢，并按要求放好行李，行李应放在行李架上，不应放在过道上或小桌上。要注意携带行李是有定量要求的。同时，要按照车票指定的车次乘车。

3.车上就坐须知

在火车上要对号入座，不要抢占认为好的座位。当身边有空位时，尽量让给没有座位的人，切莫贪图自己的舒适多占座位，更不能对于他人的询问不理不睬。发现老人、孩子、病人、孕妇、残疾人无座时，应尽量挤出地方请他们坐下。

火车上的座位的尊卑顺序是：靠窗为上，靠边为下；面向前方为上，背对前方为下。

4.休息时需要注意的礼节

由于火车行程一般较远，因此旅客在火车上的大多数时间都是在休息。

在座席车上休息，不要东倒西歪，卧倒于座席上、茶几上、行李架上或过道上。不要靠在他人身上，或把脚放到对面的座席上。

邻座旅客之间可以进行交谈，但不要隔着座位说话，也不要前后座说话。注意谈话的声音不要过大。

在卧铺车厢上休息，可以躺在铺位上，但要注意着装，不能穿得太暴露。头部最好朝向过道方向。上铺和中铺的旅客不要长时间占用下铺床位。需要坐下时，要先询问对方，得到允许后方可坐下，并要道谢。上下床时，动作要轻。

休息时，要注意姿态得体、衣着文明、看管好自己的随身物品和孩子。

有吸烟习惯的人，要到列车的吸烟区或两节车厢间的过道去吸烟，在车厢内吸烟是极其令人讨厌的行为。

5.用餐须知

在餐车用餐，应节省时间。用餐后，应尽快离开，以方便更多的人用餐。

在车厢内用餐，也要节省时间，不要长时间占用茶几，也不要在茶几上摆放过多的食物。避免携带气味刺鼻的食物。用餐后的垃圾应装在垃圾袋里面。

在火车上是可以喝酒的，但只是为了促进食欲，不能像在饭店一样推杯换盏、猜拳行令，尤其要注意的是，千万不要酗酒。

由于火车所能承受的垃圾数量有限，所以旅客最好少吃零食，尤其是一些皮壳较多的零食，不太适合在火车上食用。

火车上所能携带的水量是有限的，因此，车上用水不管是饮用水还是洗漱用水，都要注意节约。

6.车上交际礼仪

在火车上避免不了与他人交际，可与邻座轻声交谈。可以主动问候，报以微笑。可以谈论一些天气、民俗、娱乐信息等。要注意交谈适度，避免谈论过多的政治、隐私等内容，更要避免喋喋不休、高谈阔论。

由于出门在外，大家行动上可能都有不便之处，因此要相互关照，对于老人、女士或身体虚弱的乘客，我们要主动帮助他们。

7.下车须知

下车时，要提前做好准备，避免手忙脚乱，忘记物品。如果与他人一路聊了很多，下车时要与人道别。

下车时，应自觉排队等候，不要拥挤或是踩在坐椅背上强行从车窗下车。出站要主动出示车票，以便查验。

行路礼仪

一个人在日常的社会生活中，总是离不开走路。道路是最基本的公众场所，当一个人行路的时候，能不能自觉地遵守行路公德，恰恰反应了他的道德水准。在这平常的走路中，同样包含着一系列的礼仪要求。

行路需要遵守以下一些基本规则：

1.遵守交通法规

道路资源是属于所有行路者的，这就要求每个人在使用道路资源的时候，都应该自觉遵守相应的交通法规，这样才能保障道路的畅通和人们的安全出行。步行时要走人行道；过马路时一定要走人行横道；通过路口时，要等绿灯亮时，看两边没车才能通过。

2.行路要讲究相互礼让

马路上车水马龙，人来人往，比肩接踵，因此要提倡相互礼让。遇到老、弱、病、残、孕要照顾他们；在人群拥挤的地方，要有秩序地通过；万一不小心碰到了别人，要主动道歉；若是别人碰到了自己，应表现出良好的修养，切不可口出恶言，厉声责备。

3.爱护道路环境

地球是我们共同的家园，而环境是需要我们每一个人共同去爱护的，这样才能保证我们拥有一个清洁的生存空间。在走路时更要注意保护环境卫生，因为道路上的卫生将给更多人带来直接的影响。

走路时不要边走边吃东西，这既不卫生，又不雅观。如确实是肚子饿或口渴了，可以停下来，在路边找个适当的地方，吃完后再赶路。

4.礼貌待人

生活中我们应该学会尊老爱幼。在马路上行走也是一样，遇到老人要让路；遇到妇女、儿童莫拥挤；遇到路人摔倒，上前扶一扶；有人掉东西，需要告知一下；道路上交谈别影响交通；碰到他人道个歉；遇到无赖莫纠缠。

5.保持正确的走姿

走路的姿势是个人精神风貌的体现，因此我们要时时留意自己的走姿。正确的走姿应挺胸抬头，保持身体正直；目光要自然前视，不左顾右盼，东张西望。

男士要彬彬有礼，注意风度，不要摇来晃去、上蹿下跳；遇到不相识的女性，不要久久注视，甚至回头追视，显得缺少教养。女士要使自己的仪态端庄大方，不要左顾右盼，摇头晃脑。

6.路上交谈不要妨碍交通

走路的时候遇到亲朋好友、同事故知，主动热情地打个招呼，可以招手致意，也可以点头致意，但不能视而不见，或者把头扭向一边。如果在路上碰到好友要长久交谈，则应选择路边人少的地方，以免妨碍交通，甚至造成交通事故。

7.礼貌问路

问路需要礼貌，也需要技巧。首先要选择好对象和时机，然后根据对方身份使用尊称，当打扰对方时要说"劳驾""抱歉"，问路语言要简短、清晰、准确，获得答案应诚恳致谢，未获答案也需表达谢意。

学校礼仪

与同学交往的礼仪

古人说："慧于心而秀于言。"同学之间的交流，可以增加了解，增进友谊，相互增长知识。但要起到这样的作用，就要注意与同学说话时的礼貌。与同学说话要态度诚恳、谦虚，要语调平和，不可装腔作势。听同学说话时，态度要认真，不可做其他事，不可表示倦怠、打哈欠或频繁看表，不要轻易打断别人的话，要插话或提问一定要先打招呼，若同学说得不对时，应在不伤害同学自尊心的情况下，恳切、委婉地指出。与同学说话的内容要真诚实在，要实事求是地谈自己对事物的看法。不说胡乱恭维别人的话，也不说使别人感到伤心、羞愧的事，更不说不文明的语言。古人说："言，心声也。"一个学生说话的态度和内容若是美的，那么，他的心灵也必然是美的。

学生在学校里最频繁的是同学相互之间在学习、生活上的交流。正由于如此，有的同学就忽视了与同学相处的礼仪，轻者影响了同学间的关系，重者则有碍于学习成绩和生活质量的提高。因此，同学之间也要十分重视礼仪修养。同学之间相处的礼仪主要有以下几个方面：

1.不论是男同学还是女同学都要注意建立自己的信誉，说话、办事要讲信用，言必信，行必果。和同学相处一定要言行一致，表里如一，实实在在，不要弄虚作假。

2.说话要注意场合，注意分寸，即使开玩笑，也要注意，该说的就说，不该说的一定不能说，要管住自己的嘴巴。俗话说，病从口入，祸从口出。很多同学不重视这一点，一高兴就信口开河，求得一时的痛快，全然不顾后果；一生气就暴跳如雷，骂不绝耳，什么难听就说什么，不仅造成很坏的影响，而且这也是无教养、无礼仪修养的表现。古人说，盛喜时，勿许人物；盛怒时，勿誉人言；盛喜之时，多失信；盛怒之时，多失体。所以，特别是在高兴和生气的时候，要更加注意自己的言行。

3.同学经常在一起，免不了相互之间借用东西，但是必须做到有借有还，即使随便要用一下别人的东西，也一定要打个招呼，告诉一声，不要拿起来就用，根本不问主人是谁。

4.平时遇见同学一定要打招呼。打招呼的方式很多，可以问好、点头、微笑、招手等，总的要求是要做到热情、诚恳。

5.同学需要帮助时，一定要尽最大的可能助其一臂之力，不要视而不见，置之不理。乐于助人是我们中华民族的传统美德之一，也是礼仪修养中不可缺少的内容。当然，帮助别人要根据具体情况，做到尽力而为，量力而行。但是，另一方面，有困难的同学也不要强求别人帮助，给别人造成困难，甚至带来麻烦。有困难自己多克服，有痛苦自己多承受，有危险自己多承担，尽可能避免打扰别人，这也是我们中华民族的重要美德之一。

6.和同学相处要谨防传话，私下议论别人是同学间最忌讳的事情。正确的做法是，自己不传、不说。听到别人说，要认真分析真伪，不要轻信，不要盲从，处处养成勤动脑、多观察的好习惯。

7.要正确地对待同学，就必须正确地评价自己，时时处处把自己放在恰当的位置上。妄自尊大、妄自菲薄、忘乎所以都是不切实际、不足取的。

8.男女同学之间相处，一方面要相互尊重，互相帮助，像兄弟姐妹一样相互照顾；另一方面，既要大方、自然，也要严肃、有分寸，尤其是在公共场合，男女同学之间的接触一定要十分注意礼仪修养，把中华民族的传统美德和世界通行的礼仪要求有机地结合起来。对女同学来说，一定要保持自重，不要以为男同学的帮助、照顾是应该的、理所当然的，有些该自己做的事情也懒得动手，等着男同学来代劳，这是不对的。这样，男女同学的交往才能融洽、和谐，建立的友谊才会永久。

9.同学之间莫攀比斗富。同学间应该互敬互爱，不要向对方公开自己的家庭财富，父母的工作头衔、社会地位不应成为炫耀的资本。个人财产应该妥善保管，一些贵重物品，如新手机、高档电脑、新款MP3等，如无特别需要不必带入校园，以免给同学故意炫耀之感。

某些学生的炫耀性消费也会给家庭条件较差的学生带来心理压力。买不起名牌的学生有的会选择购买假名牌。因此，校园里有些学生在倡导高消费和超前消费的同时，他们的虚荣心态和炫耀行为也造成了一种示范效应，这对很多学生都会产生一种外部压力。类似的行为应该杜绝。

10.作为学习成绩好的学生，不能鄙视成绩差的学生，要保护他们的自尊心，尊重他们的人格。成绩落后的同学并不甘心成绩不如别人，也不愿意让别人认为自己成绩不好。于是，他们宁可不会，也不肯当着别人的面去请教其他同学。所以，要真心真意地帮助这些后进同学，就不能伤害他们的自尊心。

俗话说："尺有所短，寸有所长。"学习成绩不好的同学身上往往有一些其他特长，是其他人不具备的。肯定他们的长处，尊重客观事实，既保护了他们的自尊心，又促使自己观照到自身的不足，理解到"凡人凡事都要一分为二"这一处世哲理，从而使自己能更加谦和、亲切地与后进生相处。

与老师相处的礼仪

学生在学校里学习，除了同学之外，最直接、最大量的交际对象就是老师。过去，人们习惯称老师为先生。"先生者，先我之生也。"其含义是：一为年龄比自己大；二为知识比自己多。按照唐代韩愈的说法，老师的任务是传道、授业、解惑。按我们现在的说法就是教书育人。在我国悠久的历史长河中，有天、地、君、亲、师之说，其意思是老师是仅次于天、地、君、亲之后的重要人物。有道是："一日为师，终生为师。"解放后把老师尊称为"园丁""人类灵魂的工程师"。近些年，党中央、国务院都很重视教育，确立了科教兴国的大政方针，教师的生活待遇、工作条件、社会地位都在向好的方向转变。这一切都说明老师的重要性。

作为学生，在学校里的主要任务是学习。向老师学习，向书本学习，采用的主要方式是上课，即课堂学习，此外还有课外的辅导答疑、批改作业、批阅试卷及其他各种课外活动。以前曾经有一种习惯，学生不论是在什么地方，只要见到自己的老师必定要行礼、鞠躬或敬礼。现在学生见了老师不用行什么礼，只要打一声招呼就可以了，大多数情况下喊一声"老师"就行了，有的学生也说声"老师，您好！"来表达相遇时的礼仪。但是，千万不要采取视而不见，不理不睬的做法，这可是大失礼仪的行为。如果在课堂上，开始上课时，一般都要起立，行注目礼。如果有什么问题提问时，可以先举手，等老师允许以后，再站起来讲话。在课堂上最重要的礼仪是安静，注意听讲，不要交头接耳，不要低头做小动作，更不要睡大觉或做与本课无关的事。在课堂上专心听讲，这既表明对老师的尊敬，也表示对老师劳动的尊重。

学生对老师，最应该注意防止的就是不尊敬老师或对老师无礼。大多数教师都是勤勤恳恳，兢兢业业的，用自己的时间、精力、知识和汗水培育出一批又一批国家需要的人才，而他们却默默无闻，不计较个人得失。他们最高兴的事莫过于看到自己亲手培养出来的学生成才。如果学生不尊敬老师，在老师面前言谈举止失理，故意怠慢老师，或认为老师教书育人是本分，用不着什么礼节客套等，这将会给师生关系罩上一层阴影。这是学生不文明的一个典型表现。当然对老师最大的不尊敬就是不好好学习。

古代就有"程门立雪"的故事，说的是宋朝有个叫杨时的人，40岁到洛阳拜程颐为师，学习很用功，经常去找老师求教，不管天寒地冻还是酷暑炎热都坚持不懈。有一次，杨时约上同学一起去找老师求教，他们到学堂时，正好老师坐在椅子上睡着了，他们为了让老师能够多睡一会儿，好养养疲倦的身体，便站在门口等候。等老师一觉醒来时，便看见杨时和他的同学一声不响地站在门口，便赶快叫他们二人进屋。这天正巧天气很冷，又下着鹅毛大雪，他们二人的身上全是白白的雪花。这个故事充分说明了古人对老师的尊敬程度。

学生不能过于苛求教师。一个教师面对的是几十个学生，让每一个学生都感到满意显然是不容易的。在师生交往中，教师很可能有这样或那样的疏忽与缺点，学生应该体谅教师，而不应以偏概全地攻击、批评教师，那会使教师感到难过。良好的师生关系离不开师生在交往中的相互谅解和宽容。当然，学生如果真正发现了教师的缺点，并真诚地、推心置腹地给教师指出来，教师一定会高兴地接受，这样做一定会把师生关系推向更良好的方向。

尊师是中华民族的优良传统。学生越尊敬老师，老师越能教得起劲、教得用心，越能把真才实学教给学生，这样教和学两方面的良好结合，是整个教学过程所需要的。

上课礼仪

每一位同学都应该明白，课前做好充分准备是身为学生必备的礼貌。在预备铃响前进入教室，准备好课本、练习本、文具等，听到上课铃声，应安静端坐，恭候老师的到来，如需起立敬礼，则应当恭敬严肃。不得起立太慢或拒绝起立。起立后要站姿标准，得到"坐下"口令后方可就坐。这是对老师最起码的尊重。老师一踏进教室门，就会感受到这种肃穆的气氛，心里一定会因受到尊重而感动，自然会更尽力地传授知识。做好课前准备，既是上好一节课的良好开端，又表达了对师长的尊敬，从而加深了我们与老师之间的关系。

对同学们来说，课前准备是从上一堂课转向下一堂课，从室外活动转入室内学习的一种过渡，它可以帮助我们在短时间内使自己的思想尽快集中起来，为下一堂课做好精神准备。如果每位同学都充分做好上课准备，既能为自己上好每一节课打下基础，又能表达对整个班集体的尊重。不然的话，整个班级的上课质量都将受到影响。

上课时应认真听讲，做好笔记，踊跃发言。跟随老师节奏，积极思考，合理想象。如果发现老师讲课有误，应委婉提出，并说明自己的论据，下课以后进一步阐明。不可唐突指出，破坏老师上课节奏。更不可故意借机刁难，与老师抬杠。按老师要求，积极讨论，不得在讨论时间里休息或谈笑打闹。上课时应端正坐姿，眼望黑板、老师或书本笔记。不可东张西望或伏于桌面，更不可上课睡觉。不得在上课时吃早饭或零食。上课不要玩手机游戏或发短信。手机一律调成震动模式，最好关机。如果有人打来电话，应立刻挂断，课后予以解释。课上不得做与上课无关的事宜，如剪指甲、看小说、折纸、胡写乱画、玩笔记本电脑等。

学生如要回答问题，应先举手，并要在老师点到自己的名字时，方可站起来答题。切不可坐在座位上，七嘴八舌地发言，也不要抢先答题。回答问题时，站姿、表情必须要大方，目光注视前方，不要搔首弄姿或故意做出滑稽的举止引人发笑。说话声音要响亮、清晰，以全班同学都听得见为宜，不要声音过低或吐字不清。要简明、有条理，尽量无语病。如果没有听清问题，应委婉地向老师要求复述。对老师提出的问题答不出时，也应先站起来，再用抱歉的语气实事求是地向老师说清楚，不要不站起来或站起之后默不作声。在别人回答时，不应随便插嘴。别人答错了，也不应讥讽嘲笑。自己能答可举手，得到老师允许，再站起来补充回答。集体回答时，尽量和同学们声音一致，忌出异调怪腔。

如何正确对待老师的批评

由于有些同学在课堂上违反纪律，影响学习，因此免不了受到老师的提醒与批评。但这些受到批评的同学往往心里十分不高兴，认为老师当着全班同学的面批评他，是故意让他丢脸，从而对老师满肚子怨气。更有甚者，还当场顶撞老师，态度恶劣。显然，这些都是十分错误且没有修养的行为。有过失的同学，应该怎样理解和对待老师在课堂上的提醒和批评呢？

首先应认识到，一堂课，只要有一两个人在那里窃窃私语或做小动作，都会使整个班级的学习气氛受到破坏，影响老师的讲课情绪。这时，老师及时的提醒与批评是理所当然的。这也是老师的职责所在。假如老师对这些不良现象不闻不问，放任自流，这样的老师便不配称为老师。这种不负责的表现，害了你自己也害了其他同学。《三字经》上说："教不严，师之惰。"教师本来就是以培养品德学识皆优的人为天职的。若培养对象出现明显过失时却放任不管，这样的老师就实在谈不上称职了。明白了这一点，也就明白了：当老师在课堂上提醒、批评不守纪律的行为时，即使是点名批评到自己，也不应愤愤不平地认为是故意让自己出丑，而是应该愉快地接受，并立刻改正。

当然，有的同学由于生性好动，有些坏习惯不容易一下子改正过来。但无论如何，对老师在课堂上及时的提醒与批评，我们绝不能不当回事，更不能因此顶撞老师。相反，应时时克制自己，重视老师与同学的提醒，尽力纠正缺点和坏习惯，做一个讲文明守纪律的优秀学生。

向老师提意见要讲分寸

每一个人的成长都离不开老师。在学习知识的过程中，我们都难免会因为这样那样的原因挑战权威、质疑老师。有人说，不会提出个人见解的学生多半不是好学生，可是老师毕竟是长者，即便他们在某一个环节上犯了错误，作为学生也要尊重他们。然后，选择合适的时机以恰当的方式向老师提出。

教师几乎每天都要对学生的行为作出评价，帮助他们发扬优点，克服缺点，引导他们提高认识。作为学生，我们应当尊重老师。但对老师毕恭毕敬、唯唯诺诺未必就是尊师，向老师直抒己见、表达不同的观点未必就是不尊师。关键是怎样给老师提意见。

大多数老师都表示可以接受学生给自己提意见，但提意见也要讲究方式和方法，应该注意给老师留些面子。如果老师有的观点不正确或是误解了某个同学时，学生用正确、恰当的方式给老师提出来，有助于老师的自我反省。但是，作为学生也应该在老师偶尔犯错的时候保持一份理解和宽容。向老师提意见语气要委婉，时机要适当。如果老师冤枉了你，当面和老师顶撞不但无助于问题的解决，还会由于时机不对而有可能激化矛盾。不管怎样，老师是长者，学生应该照顾老师的自尊心和面子。

不论在学习、工作还是日常交往中，我们与人谈话都要注意选择合适的时机和场合。自然，给老师提意见和建议也是如此。一般来说，老师在全神贯注地讲课或讲话时不要打断，即使是要讨论课上的问题，也最好不要当时提出。因为这样做容易打断老师的思路，干扰教学进度，甚至影响其他同学的学习。

对于很多在班级内发生的问题，如果老师不能了解实情，那么就难以找到解决矛盾的正确途径和方法。因此如果有意见，应该坦诚地告诉老师。此外，在提意见时，不要固执己见，要谦虚谨慎；不要强加于人，要客观地表达自己的态度，同时给别人以保留不同观点的权利。

老师们爱自己的学生，但也希望在学生中保持一定的威信和地位，这样才能更好地教育学生。因此可能老师比其他职业者更重视在他人面前的表现。所以在老师有失误的地方，我们最好对当时的环境和氛围简单做个分析后，再考虑是否可以当时提出来，或是事后再跟老师提出来。

学生向老师提意见，要注意语气和方式。否则，不但不利于问题的解决，而且容易引起误解和反感。即使是很普通的朋友和同龄人，在给对方提意见的时候，也要考虑到是否会伤害到对方的自尊心，对于师长，更应该如此。如果有意见要提，一定要注意用礼貌、商量、交换意见的口气进行。不要武断地说："你这不对，你那不对。"更不能因为老师的失误或不足而在言语中表现出不屑一顾的态度。

进入老师办公室的礼仪

为了向老师请教问题，或者是给老师送作业本或其他事情，我们常常需要到教师办公室去。教师的办公室是教师们备课、教研和交流的工作重地。作为学生，随便出入其中，都是非常不礼貌的行为。这种唐突的造访，影响的往往还不止是一位教师，而是若干位教师的工作，因为，教师办公室一般都是几位老师合用，冒然进入，不但影响自己要找的老师，也会影响其他的老师。

因此，同学们应记住，进入老师办公室必须先敲门或喊报告，征得老师同意后，方可进入。

经老师允许，进入办公室后，不能乱翻老师的东西。老师的办公桌上或抽屉里都放满了教科书、参考书、备课本、作业本、考试卷等，被翻乱后，教学工作就会受到影响。再说，老师的抽屉里有一些东西是保密的，如未启用的试卷，不公开的学生成绩表、日记本、信件、钱包等。这些东西或翻乱、或泄密、或丢失，都会造成不良的后果。所以说，乱翻老师的东西，是对老师的不尊重、不礼貌，是非常不道德的行为，也是影响教学的行为。

不要停留太久。老师每天既要钻研教材、备课，又要批改作业、试卷，还要和其他教师交流教学经验。老师每天的工作安排通常都是紧凑而有计划的，如果我们在办公室里停留太久，就会影响老师的工作安排。因此，每个同学都要尽量减少在教师办公室中逗留的时间，更不要因一点儿小事、琐事而麻烦老师。这样做无疑是对老师的爱护和关心。

进入老师的办公室要轻声轻语，保持安静。在教师办公室里说话要小声，出入要注意不要发出声响，尽量不影响其他老师的正常工作。

如何正确对待迟到

同学们都知道，上课迟到会影响课堂秩序，相信每个同学也都不愿意迟到。但是，有时候我们也确实会遇到特殊情况，不得已只好在上课后才进入教室。这时候，该怎样做才合适呢？

站在教室门口先喊"报告"。如果门关着，那就应先轻敲门，经老师允许后，才能进入教室。

要向老师说明迟到的原因，说话态度要诚恳。假如课堂上不便说，也可下课后主动跟老师说清楚。应在老师的谅解和批准后，方可回到座位。

回座位时，速度要快，脚步要轻，动作幅度要小。在放置书包与拿课本时，尽量不要发出声响。更不能为了掩饰自己的窘况，反而故意做出惹人发笑的举止。

坐下之后，应迅速集中精力，取出课本和笔记，听老师讲课。

总之，迟到的同学应该记住努力补救自己给班级带来的干扰，要把由于自己迟到而对课堂秩序造成的影响，减少到最低程度。

上课时，学生可能迟到，老师也可能迟到，因为生活中总会突发一些不曾意料到的特殊情况，使教师不能准时到达课堂。比如，因接待来访的学生家长，一时间无法中止谈话；或因远方的亲友突然来访，老师不得不应酬几句；又或突然间身体不适，因此不得不稍作休息等。在这种情况下，身为学生的我们，一定要给予理解，用正确的态度来对待。

当学生发现教师在上课铃已响过后，才进入课堂时，不要大惊小怪，不要喧哗，不要大声议论，而仍应起立向老师行礼。当老师就迟到的原因作出解释并表示歉意时，我们应表现出谅解和宽容的态度。这样会使教师感到温暖、亲切，从而可融洽师生关系，增进师生情谊，使课堂教学收到更好的效果。

进出学校的礼仪

几十年前，我国著名的教育家、南开大学校长张伯苓先生就曾在该校的一面大立镜上方悬挂一幅"镜箴"，告诫每位学生都要注意自己的仪表美。"镜箴"上写着："面必净，发必理，衣必整，钮必结，头容正，肩容平，胸容宽，背容直，气象勿傲勿怠，颜色宜和宜静宜庄。"现在，有许多学校在校门口或教室楼中都放置一块大立镜，用意就是要同学们每天照一照自己，看看仪表是否符合标准。

自从入校成为一名学生起，每天都要往返于学校和家庭之间。你可知道进出学校也存在礼仪的问题吗？当你每天迈进或走出校门的时候，你是否注意到自己的仪表了呢？仪表是心灵的写照，与其人格是密切相连的。我们作为学生，必须明白自己的仪表必须要符合学校的气氛和学生的身份，保持大方、得体的仪表是对老师、同学的一种尊重。

1.每天上学首先要穿戴整齐，准备好当天的学习用具，出门时要向家长说再见。路上遇到同学要打招呼、相互问好。如有校服要坚持穿校服，但不能邋遢、污损、破烂，应保持校服的整齐洁净，穿着要端正妥帖，显示出良好的精神状态。不穿校服时，服饰也要朴素大方，活泼整洁。夏天不能穿背心、拖鞋进校；骑自行车的同学要主动下车。

2.注意进校时的姿态。踏进校门，是我们每天投入学习的开始，因此要保持情绪高昂、奋发进取的精神状态，而绝不能萎靡不振、垂头丧气。还要注意的是，进校时要严守纪律，不搂腰搭肩、嬉笑打闹，不高声喧哗、不边吃边走，要向值勤的老师、学生示意，大大方方地进入校园。

3.进出校门要佩戴校徽、红领巾。校徽是学校的标志，要坚持佩戴。既能提高自身的荣誉感和责任感，督促自己养成遵纪守法的习惯，还方便了学校的保卫执勤人员搞好工作，有利于维持学校的正常秩序。同时也是你爱校的具体表现。如因特殊原因未能佩戴，应主动向门卫和值勤老师或同学说明，以求谅解，经批准后再进入学校。

4.在学校无论何时何地见到老师都要主动问候，特别每天第一次见到老师时，要面带微笑一边问"老师，您早！""老师，您好！"一边恭恭敬敬地行鞠躬礼，以表示对老师的尊敬。

5.遵守门卫制度。学校门卫和执勤人员的职责是：加强学校保卫工作，防止外人或坏人进入学校，干扰、破坏学校的正常秩序；负责检查学生的仪容，以维护学校良好的校风、校纪。因此，每位同学都必须虚心接受门卫与值周同学的检查、指正与督促。

6.如果自己的举止不符合校规，受到门卫或值周同学的批评时，态度应虚心诚恳，不可抵制批评，甚至作出粗暴的反应或其他不良表现。一些学校除设有门卫外，还安排一些同学轮流值勤。值勤同学的职责，主要是配合、协助门卫人员，维护学校秩序，对违反校规校纪的同学进行批评帮助，督促其改正。

7.放学回家要遵守路队纪律，应向师长鞠躬致敬并主动道"老师再见"，对同学也要道声"再见"。

住宿学生的基本礼仪

住宿学生生活在学校里，宿舍成了他们暂时的家，平时学习、生活及其他活动都是在这个大家庭里进行的。但宿舍毕竟又不同于真正的家，因而住宿学生生活在这个大家庭里，必须接受特定的规章制度与道德礼仪的约束。

通常，学校都会制订住校守则，除了遵守这些规章制度外，日常生活中，还必须特别注意如下礼仪：

注意保持宿舍整洁，按轮值的方法定期打扫宿舍卫生、冲洗地板、打扫洗手间、收拾桌子、擦试门窗等。

自觉搞好个人卫生。早上起床后，床铺要收拾干净，被褥蚊帐要铺叠整齐，衣服、鞋帽要整齐地安放在指定的地方。衣服袜子要勤换勤洗，若来不及洗时，则要注意不乱丢，要安置在妥当、隐蔽的地方。

盥洗用具、吃饭用具等要安放整齐，不与别人的靠叠在一起，更不要随便混用，以减少感染疾病的可能。

食用糖果、点心等食品时，要与舍友们共享，不要私下独自享用。吃不完的食物要密封，以确保卫生。

不能擅自拿用他人东西，借东西要经主人同意，用后及时归还。若损坏，应照价赔偿。

重要物品不乱丢乱放，要安全可靠地放置在自己上锁的书桌内或箱内，以免因保管不当，造成遗失而引起同寝舍友间的不信任情绪。

爱护宿舍内的公用物品，使用后要及时放回原处，不可乱丢。刮风下雨时要注意关好门窗，晚上睡前要记得关灯。

平时用电、用火要注意安全。熄灯后应立即休息，不要再点灯或蜡烛，以免影响舍友休息，甚至造成火灾。

宿舍内，应讲究语言文明，不可乱叫同学绰号，不可讲粗话或脏话。

同住一个宿舍的同学之间必备的礼仪要求：

尊重舍友，礼让三分。宿舍是同学们休息的场所，学习之余，在宿舍里下下棋、听听音乐、弹弹吉他，这当然是正常的，但这一切都要以尊重舍友，以不妨碍舍友的起居和学习为前提。每个同学的兴趣爱好、生活习惯、性格情趣都可能有所不同，因此，自己娱乐时，便要十分节制，不能侵犯其他同学休息的自由。另外，在公共场所，例如在使用公共卫生间、水龙头或晾晒衣物时，不能霸占独用，要先人后己。

尊重集体的生活秩序。在集体宿舍里，不随便使用、翻弄或移动别人的东西，如有特殊情况不得不使用他人东西时，要坚持事先征得别人同意后方可使用；个人用物要安放好，不要随处乱丢，如遗失物品，不要胡乱猜疑别人；平时要遵守作息时间，起床、休息、自修、吃饭、熄灯等，都应按学校规定的作息时间进行。

宽以待人，有错就改。大家同处一室，日常中难免发生一些矛盾和不愉快的事情。大家要克制自己，宽以待人，互相谅解。当与其他同学发生争执时，不要袖手旁观，应耐心劝解，搞好团结。如自己违反了宿舍的规则，或做了不文明礼貌的事情，要虚心接受别人批评，知错就改。切不要强词夺理或对别人怀恨在心。

彼此关心，相互帮助。当舍友生病的时候，要主动关心，热情照顾，如陪同看病，帮忙打饭、打开水等；遇到舍友在生活上、经济上发生困难，要尽力帮助。舍友间相互关心互相帮助，还应体现在一些日常小事上。

不要干预别人的隐私。日常生活中，不论你是有意或无意干预别人的私事，客观上，这些都是缺乏教养、令人反感的表现。同居一室的同学朝夕相处，接触的时间比较多，更应注意做到，在集体生活中既关心舍友，但又不干预舍友的私事。

不干涉别人的隐私，我们应该特别注意：

不可私下偷看舍友的日记。偷看别人日记是不道德的行为。许多同学的日记都记下了许多不愿为人所知的秘密与隐私。假如你的日记被偷看、被泄露了，你的内心一定会觉得受到了很大伤害。所以，以己推人，同学们一定不要去私翻私看别人的日记。即使有的同学的日记本随便地丢在枕边或放在桌子上，甚至翻开摆在那里，我们都不应以任何借口去翻阅偷看。

不可私拆舍友信件。集体宿舍人多，同学的信件也较多。有些同学对别人的信件总是会产生很大兴趣，总想拆来看个究竟。这是道德所不允许的行为。无论在什么情况下，谁也无权私拆别人的信件。否则，你迟早会成为别人眼中道德败坏的人。

不可打听舍友的隐私。每个人心中都有一块秘密的天地，对舍友的个人秘密与隐私，我们应尊重与理解。发觉舍友有难言之隐时，切不可放纵自己的好奇心，向他本人不停地追问或私下四处打听。在集体生活中，尊重和保护他人的隐私，尊重他人的人格，是重要的礼仪之一。

不可偷听舍友谈论私事。有时，同学的客人或亲属来访时往往会谈及一些私事，同舍的同学应主动地适当回避一下，而不可在一旁偷听。

不过分干预舍友的活动。有时同学为了私事离开宿舍时，不要自以为是地对其进行盘问或阻止；当有异性朋友来拜访舍友时，也不要探问其与舍友之间关系。

食堂礼仪

学校食堂就餐人数多，就餐时间集中，工作人员往往比较繁忙，作为学生，应注意就餐的礼节。

1.要注意公共卫生。进入食堂不可随地吐痰，不可向地面泼水、扔杂物，剩余的饭菜要倒在指定地方。

2.按规定时间就餐，遵守秩序，互相礼让，自觉按先后次序排队购买饭菜，不要硬挤或插队，更不应打闹、起哄和出现其他不文明行为。工作人员繁忙顾不过来时，要耐心等待，不要敲打柜台、餐具或挥舞手臂，也不要"师傅、师傅"地叫个不停，更不能隔着柜台伸手拉工作人员的衣袖、衣角，这些做法都是失礼的。轮到自己打饭时，要客气地讲话。打饭后，应礼貌地说声"谢谢"。

3.尊重炊事人员。打饭时，有的同学有时会因为炊事人员找错菜票，做的菜不合口味或认为炊事人员分饭菜不合理而与他们发生争执，这也是不文明的举止。待人要宽容，炊事人员劳累了一天，偶有差错，我们也应给予体谅。假如炊事人员真有不妥之处，作为知书达礼的学生，也不必当场争吵，而应于事后向学校管理部门反映，请求解决。

4.进餐时应注意节约粮食。所购买的饭菜，以吃饱为度，不要超量购买，以免吃不完造成浪费。

5.吃饭时，如发现饭菜有异物或质量问题时，可找有关管理人员有礼貌地说清楚，以帮助食堂改进工作，提高服务质量。不可感情冲动，大发脾气，失去理智，吵闹不休。如果一味坚持粗暴无理的态度，不但不利于问题的解决，而且还会引起食堂工作人员的反感，降低学生的人格。特殊情况下，还会引发学生与食堂工作人员关系的恶化。

6.如果和师长在一起吃饭，要请长辈先入座。

7.坐在座位上的时候，两脚自然并拢，双腿自然平放，坐姿要自然。

8.吃东西或喝汤时要小口吞咽，闭嘴咀嚼，尽量不发出响声。嘴里含有食物时，不要贸然讲话。他人嘴含食物时，最好等他咽下后再与他交谈。吃进口中的东西，不能吐出来，如是滚烫的食物，可喝水或果汁冲凉。准备好餐巾纸，不要用手擦拭油腻的嘴，应该用餐巾纸擦拭。切忌用手指剔牙，应用牙签，并以手或手帕遮掩。避免在餐桌上咳嗽、打喷嚏。在进入餐厅前，应把正在咀嚼的口香糖吐出，用纸包好，扔进垃圾桶。

9.餐厅中的座位有限，因此不要抢占座位；就餐人多时，座位紧张，应抓紧时间吃饭，吃完离开座位以方便他人就餐。若有老师就餐，应主动为老师让座。

10.爱护食堂公物，不准在墙上、餐桌上乱刻乱写；不准损坏食堂的餐具和设施；不得随意挪动桌椅及其他设施。

《礼记》中记述了孔子的话："夫礼之初，始于饮食。"就是说饮食礼仪是一切礼仪制度的基础。中国人讲究喜庆热闹，但热闹绝不是中餐的文化传统。"食不言，寝不语。"古人早就给了我们告诫。"毋抟饭"（别抢着吃）、毋诧食（咀嚼时不要出声）、毋刺齿（不要边吃边剔牙），在公共场所就餐时，记得控制自己的音量，给周围的人一个良好的就餐氛围。这些就餐时应注意的细节，今天的我们仍要时刻牢记。

进入图书馆和阅览室的礼仪

图书馆、阅览室是学习的公共场所，在那里看书要特别讲究文明礼貌。

进入图书馆、阅览室要衣着整洁、规范，不要穿拖鞋、背心。进馆要按次序。就座时，移动椅子不要出声。走路时要轻，以免影响他人。阅读时不要读出声音，也不要和熟人交谈。不要利用阅览室休息、睡觉。不要抢占位子，更不要自己占了位子再给别人占一个位子。

要营造一个良好的学习环境。公共图书馆和阅览室是公共学习的地方，因此，每一个进入该地方学习的成员，既要考虑自己的学习环境，也要考虑全体人员的学习环境。不要一两个人窃窃私语，更不要大声喧哗，也不应利用这种场合男女之间谈情说爱、打打闹闹。

要爱护图书。查阅图书目录时，注意不要把图书卡片搞乱，也不要在图书卡片上涂抹写字。对图书馆中的书籍一定要加倍爱护，要轻拿、轻翻、轻放，不能因自己需要某些资料而损坏图书，不允许撕毁和刻挖书刊，私自剪裁图书是极不道德的行为。对开架书刊应逐册取阅，不要同时占有多份。现在，一般图书馆中都有复印、照相等业务，如果因学习和工作需要某些资料，完全可以通过进行静电复印或照相获取。另外，借阅图书要按时归还。当你借到一本书时，应抓紧看，心里应有"还有很多人等着看这本书"的观念。在学习上，多为别人着想，这本身就是一种道德和礼仪。

学生着装礼仪

一、为什么要穿学生装

从实际的教育实践来看，校服有很多重要的作用。第一，校服可以使学生在身份感上区别社会其他人，因而有了对学生自身的约束力，比如像荣誉感、遵纪守法、文明礼貌等方面，校服都可以起到内在约束的作用，一种象征的作用，对他们起到一种潜移默化地培养作用。第二，校服还可以产生一种平等感。因为学生现在的家庭收入状况很不一样，如果一个学校的学生能穿一样的服装，这样同学相互之间的感觉是平等的，容易形成一种合作、团结、相互尊重的精神，也可避免攀比之风在校园里出现。第三，校服还有教育的功能。学生穿学生装对于推进学校校园文化建设是非常有益处的。学生装统一的穿着对学生有教育的功能，如培养学生的团队精神。第四，穿校服对学生有规范行为的功能。由于学校是一个特殊的地方，它不同于社会。学生正处在学习和成长的过程中，因此无论从哪个方面来讲，对学生的行为都应当进行规范。第五，客观地讲，穿学生装对学生还有一种保护的功能。

二、学生着装的要求

遵循中、小学生日常行为规范的要求，学生穿戴要整洁、朴素、大方。提倡穿校服。学生着装要注意以下几点：

1.平时的穿着

整洁。即整齐、清洁。服装应是平整洁净，扣子齐全，不能有开线的地方，内外衣都应勤洗勤换。此外，对鞋袜要像对衣服一样重视，不能身上漂亮而鞋袜污脏，皮鞋应保持鞋面光亮。不管对于男生还是女生来说，在穿着方面都应做到干净、整齐、合体。

2.仪式活动着装要求

学生参加活动要按要求身着统一的校服、运动服等。在校园内活动时，学生不得穿健美裤、紧身短裤、超短裙等，男生不得赤膊打球，不敞胸露背，不赶时髦，校园内不得戴有色眼镜。

中学生还要根据参与不同活动，选择不同样式或风格的服装，如出席吊唁或追悼仪式，要着黑色衣服或白色衣服，不能穿大红大绿的衣服；如参加升旗仪式，全体同学都应统一穿校服；参加早操或上体育课时，应穿运动服。当然，校服可以说是中性服装，无论什么活动穿着校服都是合适的，所以，学校鼓励同学们都穿校服，由于受经济条件的限制，同学们往往仅有一套校服，待将来经济条件改善以后，中学生应该拥有多套校服，也为学校的管理提供方便。

青春期与异性交往的礼仪

异性同学之间的交往是学生关心的问题。我们知道，异性相吸是自然界的一种现象。对于学生来说，青春期特有的生理、心理特点，使得异性同学之间更易于产生思想、感情上的沟通。女生喜欢男性的豁达、主见和力量；男生则喜欢女生的协商、温柔和细腻。男女之间的正当交往不仅应当允许，而且是有益的，异性之间的纯真友谊不是不可能，而且在古往今来也出现过许多动人的故事。大家知道，燕妮与海涅，罗曼·罗兰与索菲姬之间都长久地保持了感人的友谊。至于在普通人，在你、我、他之间发生的平凡而动人的友谊故事更是不胜枚举。

当然我们也必须承认，异性间的接触与交往过程中，虽然双方得到了真挚的友谊和教益，但同时也容易遭到一些误解，以致有时不大愉快，这虽然有世俗偏见的一面，但也有学生对异性间的正常交往注意不够的一面。

那么，我们怎样才能避免在与异性同学交往时出现不必要的麻烦呢？

一是交往双方一定要相互信任，互相尊重。由于男女之间在气质、性格、身体、爱好等方面都有着较大的差异，因而异性间的交往是非常敏感的，这就需要异性同学在交往过程中互相信任、互相尊重，这样男女同学真诚的友谊才有保障。

二是我们既要反对男女之间"授受不亲"的传统观念，又要注意"男女有别"的客观事实。男女同学之间，只要是正当、纯洁的友情，完全可以堂堂正正地往来、接触。一举一动都要大方得体，不能过于随便。

三是要从思想和行为上分清友谊与爱情的界限。因为人总是有感情的。在友谊和爱情之间并没有一条不可逾越的鸿沟。超过一定的限度，也许你自己也分不清哪是友谊哪是爱情了。

四是应多在集体活动中交往，若单独相处时，一定要注意选择环境和场所，尽量不要在偏僻、昏暗处长谈。如果在房间里单独相处，不要锁门，以免引起他人的猜测和误解。

五是相处中的女同学要自尊、自重，男同学要有自制力。人际交往的两性道德原则还是必要的。女生在与异性相处时，一定要保持自尊、自爱的美德，既要有女性的荣誉感，又要善于自我保护。作为男性则应更加谨慎，善于克制，这样就不会发生什么意外情况。

总之，在异性同学的交往中，注意言行谨慎，注意把握分寸，是可以存在真正的友谊的，真正的朋友是不分性别的。

家庭礼仪

家庭礼仪概述

家庭礼仪的基本特点主要表现在以血缘关系为基础，以感情联络为目的，以相互关心为原则、以社会效益为标准四个方面。

1.以血缘关系为基础。家庭礼仪主要体现在家庭成员之间，而家庭成员之间的关系是人类社会中最为普遍的关系，以血缘关系、感情关系为核心。因此，在家庭礼仪的形成、建立和运用过程中，必须从血缘关系这一基本点出发。

2.以感情联络为目的。家庭礼仪的主要职能并非以个人形象的塑造为侧重点，而是通过种种习惯形成的礼节、仪式来进一步沟通感情。俗话说的"亲戚亲戚，不走不亲"，就是强调亲友间的感情有了血缘关系的基础，还得需要通过一定的礼仪手段来维持、强化和巩固。婚嫁喜庆、乔迁新居、寿诞生日等种种快乐，通过礼仪的传播，可以使更多的人体会和享受到家庭的温暖，这一传播过程的最终目的就是加强感情联系。

3.以相互关心为原则。之所以说"母爱是最伟大、最神圣的爱"，是因为母爱的主要内涵是无私的奉献、无微不至的关怀。要衡量某一件事或某一行为是否符合家庭礼仪的要求，只要分析一下双方之间是否存在相互关心的成分，真诚地祝贺、耐心地劝导，热情地帮助本身就是合乎礼仪的。

4.以社会效益为标准。不同的时代环境、不同的区域、风俗，在礼仪方面存在着很大的差异性，家庭礼仪也是一样。因为它受多种因素的影响，家庭活动中的许多礼节也是变化发展的，如封建社会的婚礼有拜堂、入洞房等繁文缛节，而当今出现了许多集体婚礼、旅行结婚等新的婚礼程序。但有一点却是可以肯定的，那就是要评判某一种家庭礼节、仪式是否是进步的、合乎礼仪规范的，只要看它是否能产生很好的社会效益这一标准。

根据家庭礼仪的这一些特性，我们可以看出家庭礼仪的内容无外乎有如下几个方面：

1.成员礼仪。家庭成员是家庭活动的主体，也是家庭礼仪的具体操作者，其地位相当重要，可以说，家庭礼仪在某种程度上即成员礼仪。成员礼仪主要指成员之间的礼仪规范，如夫妻之间的礼仪、父母子女之间的礼仪、兄弟姐妹之间的礼仪等。

2.称谓礼仪。一个人的姓名称谓其实是一种约定俗成，并得到了大家公认的符号，所以称谓存在着很强的适应性和广泛性。他紧紧伴随着家庭成员之间的人际交往。对于称谓礼仪主要着重研究两点：一是礼貌性，二是规范性。

3.仪式礼仪。家庭活动中离不开某些仪式，如婚礼、葬礼等，这些仪式都有各自不同的一套行为准则与活动规范，举办者与参加者由于所处的地位、立场不同，其行为都应遵从或符合一定的礼仪规范和要求，如庆贺和祝贺礼仪、馈赠礼仪等。

4.待客与应酬礼仪。礼仪作为行为准则，不仅制约实施者一方，同时也要求另一方遵守规则和规范。在家庭礼仪中就涉及主人的待客与客人的应酬问题，这一问题从其内容来说，因为涉及的大多是家庭生活，故属于家庭礼仪的研究范畴；从其形式来看，它也是与个人礼仪、社交礼节密切相关的。

家庭用餐礼仪

中国人用餐自古就是非常讲究礼仪的，所以我们不仅在参加宴会、酒会时需注意用餐礼仪，日常在家里吃饭也要讲究礼仪。

1.如果和长辈一起用餐，应先让长辈动碗筷用餐，或听到长辈说："大家一起吃吧。"你再动筷，不能抢在长辈的前面。

2.用碗吃饭时，要用手端起碗，大拇指扣住碗口，食指、中指、无名指扣住碗底，手心空着。不端碗伏在桌子上对着碗吃饭，不但吃相不雅，而且压迫胃部，影响消化。

3.夹菜的顺序与礼仪。夹菜时，应从盘子靠近或面对自己的一边夹起，不要从盘子中间或靠别人的一边夹起，更不能用筷子在菜盘子里翻来翻去，眼睛也不要老盯着盘子，一次夹菜也不宜太多。遇到自己爱吃的菜，不可如风卷残云般地猛吃一气，更不能干脆把盘子端到自己跟前。要顾及同桌的其他亲属。如果盘中的菜已不多，你又想把它"打扫"干净，应征询一下同桌人的意见，别人都表示不吃了，你才可以把菜吃光。

4. 用餐的动作要文雅。夹菜时，不要碰到邻座，不要把盘里的菜拨到桌子上，不要把汤弄翻，不要将菜汤滴到桌子上。嘴角沾有饭粒，要用餐纸或餐巾轻轻抹去，不要用舌头去舔。咀嚼饭菜，嘴里不要发出声音。口含食物，最好不要与别人交谈，开玩笑要有节制，以免口中食物喷出或者呛入气管，造成危险；确实需要与家人谈话时，应轻声细语。

5. 在吃饭过程中，如需添饭，应尽量自己添饭，并应该主动给长辈添饭、夹菜。遇到长辈给自己添饭、夹菜时，要道谢。

6. 吃饭时要精神集中，有些青年人喜欢在吃饭时看电视或看书报，这是不良的习惯，既不卫生，又影响食物的消化吸收，还会损伤视力。

7. 吃饭过程中，吐出的骨头、鱼刺、菜渣，要用筷子或手取接出来，放在自己的面前，不能直接吐到桌面上或地面上。如果要咳嗽、打喷嚏，要用手或手帕捂住嘴，并把头向后方转。吃饭嚼到沙粒或嗓子里有痰时，要离开餐桌去吐掉。

8. 食物要闭嘴咀嚼，细嚼慢咽，这不仅有利于消化，也是餐桌上的礼仪要求。绝不能张开大嘴，大块往嘴里塞，更不能在夹起饭菜时，伸长脖子，张开大嘴，伸着舌头用嘴去接菜；一次不要放入太多的食物入口，不然会给人留下很坏的印象。

家宴礼仪

家宴是指邀请友人到自己家里吃饭。请客通常是在节假日或其他喜庆日子与亲朋好友欢聚，在兴箸端杯之间，共享快乐、庆祝喜悦，并借此交流感情、增进友谊、加强团结。请客是一种传统的礼节形式，也是开展社交活动的重要手段。

家宴的东道主，总是希望把菜肴准备得丰富、阔气些，表现出自己对客人的热情与敬重，使客人能够满意。在人们的习惯心理中，似乎菜看越多，档次越高，效果越好。其实，家宴毕竟是家宴，不宜盲目追求奢华。家宴的饭菜准备，应因人而异、因事而异，还要量力而行。应当清楚，亲朋好友相聚，主要目的是"叙"，其次才是"吃"，对不太熟悉的客人或久别重逢的亲友，才适合准备得丰盛些。

家里请客，准备的重点要放在一个"情"字上。周到的礼节，热情的招待，比饭菜的质量更能取得客人的好感。

一、时间选择

请客时间应当选择在大家休息的日子，在一日三餐中，我国一般以午餐为正餐，西方国家请客常在晚上。随着我国经济生活的变化，以晚餐请客的也日益增多。

选择时间，应同主要客人当面商定或电话商定，其他客人可以通过见面、打电话或书面邀请。隆重的家宴可用请柬邀请，以示郑重。

二、菜肴准备

家宴不必太丰盛，但是品种上应尽量照顾到，冷菜、热菜、大菜、汤类都要准备，会饮酒的人少或不饮酒，冷菜可少些。菜的档次要适当，不要一味追求高档，过分铺张。烧饭做菜是件繁重复杂的劳动。主人只忙于烧菜反而会怠慢客人，影响与客人交谈。

酒类及饮料是不可少的。酒可以健身活血，人称"欢伯"。亲友相聚，置备薄酒，浅斟小酌，低吟慢侃，其乐无穷。饮酒的过程，是交谈叙旧、增进感情的好时机。适时的敬酒，得体的酒令，会为家宴创造欢乐的气氛。所以，有句俗话说"无酒不成席"。应根据客人的情况准备白酒、果酒、啤酒和饮料。在宴会上，应当保持我们民族热情好客的优良传统，提倡劝者尽其情，饮者度其量，使宴会在热情的气氛中进行，在欢乐的气氛中结束。

三、其他准备

客人来之前，要把房间整理一下，门庭、楼梯也要打扫干净。要告诉家里人，特别是要教育孩子，对客人要热情欢迎，盛情接待，讲究文明礼貌。有老人的，请老人陪客叙谈，大些的孩子可在厨房帮忙，小些的可以安排在另外房间看书、看电视，不要常来打扰。

整个席间的气氛非常重要，是否亲切、热烈、欢乐，全靠主人掌握并及时调整、引导。若进餐过程处于安静状态，就失去宴会的意义了，主人要不断地说一些大家都感兴趣的话题，所提话题应当照顾全面，使每位客人都有可能参与交谈。

宴会进行到高潮时，如果有过热的情况，主人应设法降一降温。有时宴会后半段时间会出现冷场，主人应精神饱满地寻找新的话题，使宴会自始至终保持热烈的气氛。

孝敬父母的礼仪

中国有句广为人知的古话叫作"百善，孝为先"。孝亲敬老自古就是中华民族的传统美德与礼仪。中华民族的孝文化历史悠久，源远流长。在传统文化中，孝文化最受推崇。人生于世，长于世，源于父母。父母给予我们生命，教给我们最基本的生活技能，辛勤地养育我们，作为儿女是终生难以回报的。所以说孝敬父母，尊敬长辈，是做人的本分，是天经地义的道德。亲情是人类最原始、最本能的情感，是一个人善心、爱心和良心形成的基础情感，也是今后各种品德形成的基本前提。

父母对孩子的爱，倾注在每一个日子里，我们也应当把对父母的孝敬之心，投入到日常生活的每一个细节之中。

早问候，晚道安。早上起床后和晚上就寝前要问候父母，向父母道安。一天当中，进进出出都要和父母亲切地打招呼。

出必告，反必面。一来免得父母为你担心；二来也让父母为你把关。行前，要告诉父母去做什么；回家后要让父母知道做得怎么样。要让父母及时了解你的日常行动规律。

经常和父母沟通，接受父母的正确指导，及时把你身心的变化告诉父母，把你的想法、打算告诉父母，以便得到父母的指点，也满足父母渴望了解子女、指导子女的内心需求。特别是做重要决策时，比如升学、选择专业等，一定要征求父母的意见，听从父母的正确指导。

父母是自己最亲近、最可信赖的人。一定要养成和父母交心、沟通的习惯。自从来到这个世界，你就是一个独立的人，这一点没错；但你也要理解，自从你一出生，父母的心就被你带走了一半，无论你在哪儿，父母的心都跟随着你。所以，你要让父母了解你、理解你，不为你担心。这一点做起来比较难，但我们每个人都要尽力去做。

父母和自己的意见不一致是常有的事，为此发生冲突也不少见，但作为子女，绝对不能当面顶撞父母，与父母争吵。即便你是对的，也不能对父母无礼，顶撞父母，甚至离家出走。这是对父母最大的不敬。

当我们的意见不能被父母接受时，不妨先放一放，缓一缓，想办法说服父母。可通过写信的方式去说服，还可以请父母的父母"援助"自己，或请父母特别要好的朋友来帮忙。总之，不能和父母顶撞。

如果你是住校生，一定要记得定期给家里打电话或写信，学习再忙也不要忘记，因为父母每天、每时、每刻都盼着你的消息。如果学习太紧张，寄一张明信片也能安抚父母对你的牵挂。

幼年时，我们容易把父母想象成完美无缺的人。长大了，父母还是自觉不自觉地在孩子面前扮演着这一角色。事实上，人间没有十全十美的人，父母也是一样。弄清了这一点，就能理解父母的缺点，学习父母的优点，并能回避父母的缺点，尽量不受父母缺点的影响。

父母有父母的尊严和权威，要承认并学会去维护父母的尊严和权威。除了好好学习之外，还要学会培养家庭的民主气氛。你是家庭的重要成员，要发挥你的作用。要学会一些方法和技巧，去影响父母，营造良好的家庭气氛。一旦有了民主的家庭气氛，很多事就可商量解决了。

父母爱子女倾尽全心全力，不少子女接受得习惯了，仿佛天经地义，却没想到父母也会累，也会老，也很需要子女的关心、爱护和照顾。古语道："不养儿不知父母恩。"这便是对这种社会现象的形象而深刻的概括。如果等到自己生儿育女后才知道来报答父母的养育之恩，那就太晚了。所以，我们要从小就懂得去关心父母，去爱父母，去分担父母的压力，化解父母的烦忧。

尊老敬老礼仪

据史书记载，早在上古时代，就有国家定期宴请老人的制度，老人受到家庭和社会的关爱。五十岁以上的老人可以不吃粗粮，六十岁以上的老人每餐都要有肉吃，九十岁以上的老人无论到哪里都有充足的食品。

尊老敬老是中华民族的传统美德，它不是一种狭隘的血缘亲情，而是要推己及人，把对自己父母的敬爱推广到天下所有人的父母身上。所以，中国有"老吾老，以及人之老"的说法。做晚辈的，从小要养成尊敬长辈的习惯，生活中处处要突出长辈的地位。

《礼记·曲礼》中说："年长以倍，则父事之；十年以长，则兄事之；五年以长，则肩随之。"意思就是：对于年龄与自己父母相仿的人，应该像对待自己父母一样敬爱他们；而对于年龄与自己哥哥姐姐相仿的人，要像对待自己的哥哥姐姐那样尊重他们；对于与自己年岁相仿的人，则可以比较随和地相处。

实际上尊敬老年人是个世界性的问题，像美国对老年人就有许多优惠待遇，如坐火车买车票时价格会优惠许多。从老年人本身来说，他们的阅历丰富，经验很多，为社会做出了很多贡献，现在年纪大了，再不能像青壮年一样工作了，但是，他们的大量知识、丰富经验是整个社会的宝贵财富，应该毫无保留地传授给青壮年，作为社会不断发展、不断前进的推动力量。因此，老年人理应受到社会的尊敬和重视。事实上，社会越发展，文明程度越高，尊老敬老的风气就应该越浓；从另一个角度来说，对待老年人的态度就是社会文明程度和社会风气好坏的一个显著标志。对老年人越尊敬，越能激发老年人对社会的爱心和责任感，越能把自己多年积累的知识、经验、教训传授给后代人，也越能启迪青壮年人更加奋发图强，为社会多做贡献。尊敬老年人的一些具体礼仪知识有如下几点应该特别注意：

1.要尊重和保障老年人的合法权益。1998年8月18日，上海市第十一届人民代表大会常务委员会第四次会议通过的《上海市老年人权益保障条例》第四条明确规定："老年人依法享有人格尊严和人身自由权、婚姻自由权、财产权、受赡养扶助权、房屋租赁和使用权、受教育权、享受社会发展成果权以及宪法和法律规定的其他权利。禁止歧视、侮辱、虐待或者遗弃老年人。"

2.要尊重他们的生活习惯，理解他们的精神追求，营造和睦友爱的家庭氛围。老年人的婚姻自由受法律保护，子女或者其他亲属不得干涉老年人离婚、再婚及婚后的生活。

再次，要在平时生活中关心、照料和体贴老年人。对无经济收入或者收入低微的单独居住的老年人，赡养人应按月给付赡养费。对较富裕的老年人，子女及其他亲属不得任意索取。对患病或者生活不能自理的老年人，赡养人应承担护理的责任。

3.对待老年人要注意文明礼让。例如在公共汽车上、地铁里主动为其让个座位，上下车时主动让老年人先上下，或帮助拿一下东西、扶一下等；遇到老年人时，根据当时的具体情况，或起立、或行礼、或问候、或谦让、或主动为其服务等。这些事情看起来虽然很小，但是却能体现一个人的精神风貌和内在涵养。如果能这样对待老人，就表现了我们中华民族的优良传统和整个社会的文明进步。

4.见到老年人要说敬语。敬语的运用要根据当时、当地的具体情况。像青少年们见到了老年人，应该称呼大爷、奶奶，如"李大爷您好"，"王奶奶身体还好吗"；如果是壮年人，见了老年人后应该称呼您老或大伯、大婶，像"您老好"，"刘大婶身体还硬朗吗"，"张大伯您早"等。现在有一些人见了老年人不使用敬语，经常连一个您字也没有，有的人就直呼老头儿、老太婆。这是很不礼貌的表现，表明这些人连起码的教养都没有，更不要说什么礼仪修养了。

5.要不断向老年人学习。我们不仅要尊敬老年人，而且要虚心向老年人学习，学习他们的社会经验、科学知识、人生教训、做人的道理和方法、修身养性的秘诀等。老年人的丰富阅历本身就是人生的无价之宝，如果是一位聪明的青年人，就应该自觉向老年人学习。任何一个正常的老年人身上都有我们学习的东西，关键在于我们每个人自己的学习态度和学习方法。

邻里相处礼仪

俗话说："远亲不如近邻。"一个好邻居，如同一个好亲人、好帮手。与邻居相处应注意以下几个方面：

1.从思想上要重视与邻里和睦相处与友好往来。不论生活在哪里，总是离不开邻里相处。邻居相处一般时间较长，所以必须做到和睦共处。由于邻里接触频繁，免不了你来他往，这就需要以礼相待，以礼相交，相互关照，相互谦让，和善相处。

2.正确称呼。一般来说，比自己父母辈分大的称呼爷爷、奶奶；与自己父母同辈比父母大的称呼伯伯、伯母；与自己父母年龄相仿或比父母小的称呼叔叔、阿姨。

3.礼貌招呼。早晚见面都要热情礼貌地打招呼。如"XX，您早！"

"XX，你好！"并行点头礼或招手礼，不要视而不见，甚至装作不认识。

4.相互尊重生活习惯，防止互相干扰。每天在休息时间不宜大声喧哗或放声高唱；录音机、电视机、卡拉OK等使用要有节制，不能在过早、过晚或午休时开放，声音不能过大，以免影响他人休息。特别有什么特殊情况时，需要保持安静、相互照应。

5.楼里居住的孩子上下楼梯或在房内活动时要轻，不要过响，不要将纸屑、垃圾、污水等从阳台往下倒。在楼道里或窄小的地方遇到长辈，要主动让路，请长者先走。遇到老人上下楼梯，应上前搀扶。对待邻居的孩子要像自己的兄弟姐妹一样，相互谦让，共同成长。

6.见到邻居提、搬重物，要主动让路，不能抢上抢下或挤上挤下，还应主动询问是否需要帮助。

7.若是邻居间出现矛盾，应相互谅解，不要为生活琐事伤和气。

8.在阳台上浇花，晾晒衣物，要注意不给楼下带来麻烦。主动打扫楼道、庭院，特别是下雪后打扫出门通道。

9.要积极参加集体活动，相互联络感情，体验交往的快乐。

10.借用邻居的东西要有礼貌。如轻轻敲门，等主人开门后用请求、商量的口气说明来意，归还时要表示谢意。另外，要注意应双手接、递所用的东西。借邻居家的东西要小心使用，十分爱惜，不要弄坏、弄丢。如果万一损坏要主动赔偿，并赔礼道歉。如果主人不要求赔偿，除了当面赔礼道歉外，最好以别的方式弥补人家的损失。借用的东西使用完毕应立即送还，不要忘还，更不能让邻居来要。如需要延长借用的时间，应向邻居说明，经同意后再继续使用。一般较贵重的东西，最好不要借。别人来向你借时，也不要自作主张，须向家长告知。

●邻里相处十忌：

1.忌谈笑逗趣，不讲分寸；2.忌经济往来，账目不清；

3.忌得理不让，不听劝解；4.忌不顾场地，栽树种花；

5.忌家庭建筑，妨碍他人；6.忌放养家畜，有碍卫生；

7.忌见难不救，幸灾乐祸；8.忌轻信纵容，偏袒子女；

9.忌背后议论，猜忌嫉妒；10.忌恶语谩骂，动手打人。

祝寿礼仪

祝寿是日常礼仪中的重要内容。生日蛋糕与生日蜡烛是祝寿必备的东西。生日蛋糕上所插的生日蜡烛的枝数要同生日主人的年龄相对应。20岁以下可用1枝蜡烛代表1岁，有几岁插几枝，20岁就插20枝。20岁以上者，可用1枝大蜡烛代表10岁，1枝小蜡烛代表1岁。

蜡烛要提前固定在蜡烛托上，然后把蜡烛托插在蛋糕上面。直接把生日蜡烛插在生日蛋糕上的做法是不足取的。

家人、朋友的生日一般都要庆贺，多以寿桃、寿面为礼。寿桃被看作仙桃，面条取其绵长之意，都表示祝贺长寿之意。同时也送寿联，用来书写吉祥语。隆重的还设寿堂，摆寿烛，张灯结彩。

寿星坐在正位，接受亲友和晚辈的祝贺。拜寿礼有辈分区别，拜礼也有区别。平辈只是作揖，子侄为尊长庆寿要四拜，有的还要用寿盘盛熟鸡蛋四枚，或枣汤一碗奉于寿者。贺寿仪式完毕，共吃寿宴，喝祝寿酒。寿桃、寿面也有向邻居家分送以谢祝贺的。

● 生日晚会的程序

首先，点燃生日蜡烛，来宾向生日主人致祝词，并向他敬酒，生日主人应向来宾致答谢词。

其次，众人齐声唱《祝你生日快乐》这首歌，生日主人应在歌声中用一口气把点燃的生日蜡烛全部吹灭，来宾以掌声来烘托喜庆气氛。接着，由主人把生日蛋糕切成数份，分给在场的每个人。

如若是正式的寿宴则更要重视礼仪。

1.向亲友发送庆寿请柬。

一般用梅红单帖印就。请柬内容，开头写明时间、地点；下面写明目的，如"为家严（母寿称家慈）庆贺七秩寿辰"；最后写"恭请光临"；下面写上发送请柬人的姓名。请柬亦可用厚硬红纸印，外面不必加封套。亲友的姓名地址，写在请柬的另一面。请柬的用纸，与请酒帖相同。

2.写礼帖、送庆寿礼。

祝寿人如因故不能参加时，可用此种形式。礼帖内容要写清礼物的名称，如寿幛、寿酒等，称呼可按送礼者对寿者的自称而定。

3.赠送祝寿匾幛。

这是一种比较郑重的庆贺方式。在一般至亲好友中不大采用。它由称贺（开头）、匾语（中间四字）和落款三个部分组成。

4.以家宴聚贺为主，略备薄礼表示心意的祝贺。

祝寿送寿联，在清初的盛京民间十分流行。为人祝寿，特别是为有较高品位和学识修养的人祝寿，送上一副寿联，既表达撰写者的祝寿心愿，同时也对寿星的生平业绩有所称颂，可称得上是一种比较高雅的祝寿礼品。

寿联作为楹联中的一种类型，除了具有楹联讲究对仗的要求外，还具有内容、作用专一的特色。寿联大都写成上下两联，用红色或粉色的宣纸书写，写好后经过装裱成为一式两幅。寿联分自寿联和贺寿联两种，自己为自己撰写的寿联称为自寿联，他人为寿星撰写的则称为贺寿联。

自寿联要写得既有文采又妙趣横生，或感慨人生得失，或抒发志趣情怀，具有鲜明、突出的个性，因此要写好实在不是一件容易的事情。

社交礼仪

称呼礼仪

随着社会的进步和发展，人们的社会交往日益频繁。社交礼仪作为联系、沟通、交往的纽带和桥梁，显得更加重要。有礼则雅，符合礼仪的社交活动才是有意的。生活中，人人离不开交际，从某种意义上说，社交礼仪决定成败。在日常生活中，称呼应当亲切、自然、准确、合理，不可肆意为之。

一、对亲属的称呼

1.常规

亲属，即与本人直接或间接拥有血缘关系者。在日常生活中，对亲属的称呼已约定俗成，人所共知。例如，父亲的父亲应称为"祖父"，父亲的祖父应称为"曾祖父"，姑、舅之子应称为"表兄""表弟"，叔、伯之子应称为"堂兄""堂弟"。

对待亲属的称呼，有时讲究亲切，不一定非常标准。例如，儿媳对公公、婆婆，女婿对岳父、岳母，皆可以"爸爸""妈妈"相称。这样作，主要是意在表示自己与对方比较亲近。

2.特例

面对外人，对亲属可根据不同情况采取谦称或敬称。对本人的亲属，应采用谦称。称辈分或年龄高于自己的亲属，可在其称呼前加"家"字，如"家父""家叔""家姐"。称辈分或年龄低于自己的亲属，可在其称呼前加"舍"字，如"舍弟""舍侄"。称自己的子女，则可在其称呼前加"小"字，如"小儿""小婿"。

对他人的亲属，应采用敬称。对其长辈，宜在称呼之前加"尊"字，如"尊母""尊兄"。对其平辈或晚辈，宜在称呼之前加"贤"字，如"贤妹""贤侄"。若在其亲属的称呼前加"令"字，一般不分辈分与长幼，如"令堂""令尊""令爱""令郎"。

对待比自己辈分低、年纪小的亲属，可以直呼其名，使用其爱称、小名，或是在其名字之前加上"小"字相称，如"长发""毛毛""小宝"等。

二、对朋友、熟人的称呼

对朋友、熟人的称呼，既要亲切、友好，又要不失敬意。

1.敬称

对任何朋友、熟人，都可以人称代词"你""您"相称。对长辈、平辈，可称其为"您"。对待晚辈，则可称为"你"。以"您"称呼他人，是为了表示自己对他人的恭敬之意。

对于有身份者、年纪长者，可以"先生"相称。其前还可冠以姓氏，如"张先生""李先生"。

对文艺界、教育界人士以及有成就、有身份者，均可称之为"老师"。在其前，也可加上姓氏，如"王老师"。

对德高望重的年长者、资深者，可称之为"公"或"老"。其具体做法是：将姓氏冠以"公"之前，如"张公"。将姓氏冠以"老"之前，如"李老"。若被尊称者名字为双音，还可将其双名中的头一个字加在"老"之前，如可称沈雁冰先生为"雁老"。

2.姓名的称呼

平辈的朋友、熟人，均可彼此之间以姓名相称，例如，"李四""张三""王小明"。长辈对晚辈也可以这么做，但晚辈对长辈却不可如此这般。

为了表示亲切，可以在被称呼者的姓前分别加上"老""大"或"小"字相称，而免称其名。例如，对年长于己者，可称"老刘""大赵"；对年纪小于己者，可称"小王"。

对同性的朋友、熟人，若关系极为亲密，可以不称其姓，而直呼其名，如"小明""雷雷"。对于异性，则一般不可这样作。要是这样称呼，不是其家人，便是恋人或配偶了。

3.亲近的称呼

对于邻居、至交，有时可采用"大爷""大娘""大妈""大伯""大叔""大婶""伯伯""叔叔""爷爷""奶奶""阿姨"等类似血缘关系的称呼，这种称呼，会令人感到信任、亲切。

在这类称呼前，也可以加上姓氏。例如："张大哥""王大姐""李大妈""刘阿姨"等。

三、对普通人的称呼

1.职务性称呼

在工作中，以交往对象的职务相称，以示身份有别、敬意有加，这是一种最常见的称呼方法。

（1）仅称职务。例如："部长""经理""主任"等。

（2）职务之前加上姓氏。例如："张总理""王处长""李主任"等。

（3）职务之前加上姓名，仅适用极其正式的场合。例如："胡锦涛主席"等。

2.职称性称呼

对于具有职称者，尤其是具有高级、中级职称者，可直接以其职称相称。以职称相称，下列三种情况较为常见：

（1）仅称职称。例如："教授""律师""工程师"等。

（2）在职称前加上姓氏。例如："张编审""王研究员"。有时，这种称呼也可加以约定俗成的简化，例如，"李工程师"简称为"李工"。但使用简称应以不发生误会、歧义为限。

（3）在职称前加上姓名，它适用于十分正式的场合。例如："李明教授""王华主任医师""张三编辑"等。

3.学衔性称呼

工作中，以学衔作为称呼，可增加其权威性，有助于增强现场的学术气氛。称呼学衔，也以四种情况使用最多。它们分别是：

（1）仅称学衔。例如："博士"。

（2）在学衔前加上姓氏。例如："张博士"。

（3）在学衔前加上姓名。例如："张明博士"。

（4）将学衔具体化，说明其所属学科，并在其后加上姓名。例如："文学博士李明""工程学硕士张三"，"法学学士李玉华"等。此种称呼最为正式。

4.行业性称呼

在工作中，有时可按行业进行称呼。它具体又分为两种情况。

（1）称呼职业

称呼职业，即直接以被称呼者的职业作为称呼。例如，将教员称为"老师"，将教练员称为"教练"，将专业辩护人员称为"律师"，将警察称为"警官"，将会计师称为"会计"，将医生称为"大夫"等。

一般情况下，在此类称呼前，均可加上姓氏或姓名。

（2）称呼"小姐""女士""先生"

对商界、服务业从业人员，一般约定俗成地按性别的不同分别称呼为"小姐""女士"或"先生"。其中，"小姐""女士"二者的区别在于：未婚者称"小姐"，已婚者或不明确其婚否者则称"女士"。在公司、外企、宾馆、商店、餐馆、歌厅、酒吧、交通行业，此种称呼极其通行。在此种称呼前，可加姓氏或姓名。

称呼禁忌

在使用称呼时，一定要回避以下几种错误的做法。这样，会失敬于人。

1.使用错误的称呼

使用错误的称呼，主要在于粗心大意，用心不专。常见的错误称呼有两种：

（1）误读。一般表现为念错被称呼者的姓名。比如"郇""查""盖"这些姓氏就极易弄错。要避免犯此错误，就要做好前期准备，必要时，应虚心请教。

（2）误会。主要指对被称呼人的年纪、辈分、婚否以及与其他人的关系作出了错误判断。比如，将未婚女子称为"夫人"，就属于误会。

2.使用过时的称呼

有些称呼，具有一定的时效性，一旦时过境迁，若再采用，难免贻笑大方。比如，法国大革命时期人民彼此之间互称"公民"。在我国古代，对官员称为"老爷""大人"。若全盘照搬过来，就会显得滑稽可笑，不伦不类。

3.使用不通行的称呼

有些称呼，具有一定的地域性，比如，北京人爱称人为"师傅"，山东人爱称人为"伙计"，中国人把配偶、孩子经常称为"爱人""小鬼"。但是，在南方人听来，"师傅"等于"出家人"，"伙计"肯定是"打工仔"。而外国人则将"爱人"理解为进行"婚外恋"的"第三者"，将"小鬼"理解为"鬼怪""精灵"，这样就难免造成误会。

4.使用不当的行业称呼

学生喜欢互称为"同学"，军人经常互称"战友"，工人可以称为"师傅"，道士、和尚可以称为"出家人"，这无可厚非。但以此去称呼"界外"人士，不仅不表示亲近，还会让人产生不被尊重的感觉。

5.使用庸俗低级的称呼

在人际交往中，有些称呼在正式场合切勿使用。例如"兄弟""朋友""哥们儿""姐们儿""死党""铁哥们儿"等一类的称呼，就显得比较庸俗，档次不高。逢人便称"老板"，也显得不伦不类。

6.使用绰号作为称呼

对于关系一般者，切勿自作主张给对方起绰号，更不能随意以道听途说来的绰号去称呼对方。至于一些对对方具有侮辱性质的绰号，例如，"北佬""阿乡""鬼子""鬼妹""拐子""秃子""罗锅""四眼""肥肥""傻大个""北极熊""黑哥们""麻秆儿"等，则更不礼貌。另外，还要注意，不要随便拿别人的姓名开玩笑。要尊重一个人，必须首先学会去尊重他的姓名。每一个正常人，都极为看重本人的姓名，而不容他人对此进行任何形式的轻视。

他人介绍礼仪

他人介绍是经第三者为彼此不相识的双方引见、介绍的一种介绍方式。他人介绍通常是双向的，即将被介绍者双方各自均作一番介绍。

他人介绍的时机：遇到下列情况，有必要进行他人介绍。

1.与家人外出，路遇家人不相识的同事或朋友。

2.本人的接待对象遇见了素不相识的人士，而对方又跟自己打了招呼。

3.在家中或办公地点，接待彼此不相识的客人或来访者。

4.打算推介某人加入某一方面的交际圈。

5.受到为他人作介绍的邀请。

6.陪同上司、长者、来宾时，遇见了其不相识者，而对方又跟自己打了招呼。

7.陪同亲友前去拜访亲友不相识者。

根据规则，为他人作介绍时的礼仪顺序大致有以下几种：

1.介绍上级与下级认识时，先介绍下级，后介绍上级。

2.介绍长辈与晚辈认识时，应先介绍晚辈，后介绍长辈。

3.介绍年长者与年幼者认识时，应先介绍年幼者，后介绍年长者。

4.介绍女士与男士认识时，应先介绍男士，后介绍女士。

5.介绍已婚者与未婚者认识时，应先介绍未婚者，后介绍已婚者。

6.介绍同事、朋友与家人认识时，应先介绍家人，后介绍同事、朋友。

7.介绍来宾与主人认识时，应先介绍主人，后介绍来宾。

8.介绍与会先到者与后来者认识时，应先介绍后来者，后介绍先到者。

●掌握介绍的方式

由于实际需要的不同，为他人作介绍时的方式也不尽相同。

1.一般式。也称标准式，以介绍双方的姓名、单位、职务等为主，适用于正式场合。如："请允许我来为两位引见一下。这位是 A 公司的经理张小姐，这位是 B 集团的总裁王小姐。"

2.简单式。只介绍双方姓名一项，甚至只提到双方姓氏而已，适用一般的社交场合。如："我来为大家介绍一下。这位是张总，这位是王董。希望大家合作愉快。"

3.附加式。也可以叫强调式，用于强调其中一位被介绍者与介绍者之间的关系，以期引起另一位被介绍者的重视。如："大家好！这位是 A 公司的业务主管张先生，这是小儿李明，请各位多多关照。"

4.引见式。介绍者所要做的，是将被介绍双方都引到一起即可，适用于普通场合。如："两位认识一下吧。大家其实都曾经在一个公司共事，只是不是一个部门。接下来的，请自己介绍吧。"

5.推荐式。介绍者经过精心准备再将某人举荐给某人，介绍者通常会对前者的优点加以重点介绍。通常，适用于比较正规的场合。如："这位是李明先生，这位是 A 公司的王华董事长。李先生是经济学博士、管理学专家。王总，我想您一定有兴趣和他聊聊吧。"

6.礼仪式。是一种最为正规的他人介绍，适用于正式场合。其语气、表达、称呼上都更为规范和谦恭。如："张小姐，您好！请允许我把A公司的总裁李明先生介绍给你。李先生，这位就是B公司的人力资源经理王华小姐。"

经介绍与他人相识时，不要有意拿腔拿调或是心不在焉；也不要低三下四、阿谀奉承地讨好对方。

●介绍时的注意事项

1.介绍者为被介绍者介绍之前，一定要征求一下被介绍双方的意见，切勿上去开口即讲，显得很唐突，让被介绍者感到措手不及。

2.被介绍者在介绍者询问自己是否有意认识某人时，一般不应拒绝，而应欣然应允。实在不愿意时，则应说明理由。

3.介绍人和被介绍人都应起立，以示尊重和礼貌；待介绍人介绍完毕后，被介绍双方应微笑点头示意或握手致意。

4.在宴会、会议桌、谈判桌上，视情况介绍人和被介绍人可不必起立，被介绍双方可点头微笑致意；如果被介绍双方相隔较远，中间又有障碍物，可举起右手致意并点头微笑致意。

5.介绍完毕后，被介绍双方应依照合乎礼仪的顺序握手，并且彼此问候对方。问候语有"你好、很高兴认识你、久仰大名、幸会幸会"等，必要时还可以进一步做自我介绍。

●运用正确的介绍姿势

作介绍时，介绍人应起立，行至被介绍人之间。在介绍一方时，应微笑着用自己的视线把另一方的注意力吸引过来。手的正确姿势应为手指并拢，掌心向上，胳膊略向外伸，指向被介绍者。作为介绍人，在为他人作介绍时，一定要认认真真，不要敷衍了事或油腔滑调，也不要用手指对被介绍人指指点点。

●陈述正确的介绍语

介绍人在为他人作介绍时，语言宜短，内容宜简，并应该使用敬语。例如："李小姐，请允许我向您介绍一下……"也可以说："王先生，我来为您介绍一下，这位是……"如果时间允许，气氛融洽，在为被介绍人作介绍时，除介绍姓名、单位、职务和与自己的关系外，还可介绍双方的爱好、特长、学历、荣誉等情况，为双方提供交谈的前提条件。当然，在介绍前，最好了解一下双方是否有相识的愿望，不要贸然行事。

自我介绍礼仪

现代人要生存、发展，就需要与他人进行必要的沟通，以寻求理解、帮助和支持。介绍是人际交往中与他人进行沟通、增进了解、建立联系的一种最基本、最常规的方式，是人与人进行相互沟通的出发点。在社交场合，如能正确地利用介绍，不仅可以扩大自己的交际圈，广交朋友，而且有助于自我展示、自我宣传，在交往中消除误会，减少麻烦。

自我介绍，就是自己将自己介绍给他人或众人的一种介绍方式。熟人见面打招呼自不待言，而生人见面自我介绍，则是社交场合的一门学问。自我介绍是相互认识、树立自我形象的重要手段及方法，在现代社会，自我介绍还是一种重要的推销自我的方式。而准确、得体的自我介绍，能够形成良好的社交"首因效应"。

自我介绍大体有两种方式，一是主动式自我介绍，就是自己主动地向交往对象介绍自己的情况；二是被动式的自我介绍，这是应交往对象的要求进行的自我介绍。在一般社交场合，自我介绍主要介绍自己的姓名、工作单位、身份。如果与新结识的朋友谈得很投机，双方都愿意更多地了解对方，介绍的内容可以适当增加。

自我介绍的内容要根据交往的具体场合、目的、对象的特点等实际情况，不可盲目，一概而论。一般有以下五种自我介绍方式和相应的介绍内容：

1.应酬式自我介绍

适用于一些公共场合和一般性的社交场合，如旅途、宴会厅、舞会、通电话时。这种介绍方式的内容应该以简单为好，往往只介绍自己的姓名即可。

2.工作式的自我介绍

有时也叫公务式的自我介绍，适用于工作之中。它是以工作为中心的自我介绍。为此，这种介绍的内容应包括三方面，即姓名、单位和部门、职务或具体工作。介绍时应报全称。

3.交流式的自我介绍

这是在社交场合寻求与对方进行沟通、交流为目的的自我介绍。这种介绍可以包括以下内容，如姓名、工作、籍贯、学历、兴趣及与交往对象的某些熟人关系等。

4.礼仪式的自我介绍

这是一种表示对于交往对象友好、敬意的自我介绍。适用于讲座、报告会、庆典等正规而又隆重的场合。这种自我介绍除了姓名、单位、职务外，还应该加入一些适宜的谦辞和敬语，以表示自己的礼貌。

5.问答式的自我介绍

这种自我介绍适用于应试、应聘和公务交往。问答式的自我介绍，应该是有问必答，问什么就答什么。

自我介绍的技巧主要有：

1.选准时机

要想自我介绍获得成功，给对方留下深刻的印象，首先应考虑在适当的时间进行。所谓适当的时间，指对方有兴趣、有空闲、情绪好、干扰少、有要求时。反之，则不必急于自我介绍。

2.注意时间

自我介绍时还要简洁，尽可能地节省时间，以半分钟左右为佳。为了节省时间，作自我介绍时，还可利用名片、介绍信加以辅助。

3.讲究态度

进行自我介绍时，态度一定要自然友善、亲切随和。应镇定自信、落落大方、彬彬有礼、实事求是，不可自吹自擂，夸大其词。语气要自然，语速要正常，语音要清晰。

4.把握分寸

自我介绍时措辞要适度，对自己的评价要客观，既不要过分地炫耀自己，也不要过分地贬低自己，而应该实事求是、恰如其分地介绍自己，以给人诚恳、坦率、可以信赖的印象。总之，自我介绍既要表现友好、自信和善解人意，又应力戒虚伪和媚俗。

5.掌握程序

自我介绍时，介绍者就是当事人，其基本程序是先向对方点头致意，得到回应后再向对方报出自己的姓名、身份、单位及有关情况。介绍时语言要热情友好、充满自信，眼睛要注视对方，切忌目光游移。

6.注意方法

进行自我介绍时，应善于用眼神表达自己的友善，表达关心以及沟通的渴望。如果你想认识某人，最好预先获得一些有关他的资料或情况，诸如性格、特长及兴趣爱好。这样在自我介绍后，便很容易融洽交谈。在获得对方的姓名之后，不妨口头加重语气重复一次，因为每个人最乐意听到自己的名字。

7.注重内容

在社交场合，自我介绍的内容非常重要，不能恰当地把应该介绍的内容说出来，那么，这种介绍就是失败的。一般来讲，自我介绍的内容由三个要素构成，即本人姓名、供职单位及职务。自我介绍要将这三者一气呵成。在初次见面时，要报姓名全称。当然，自我介绍的内容也可根据实际情况的需要决定繁简。

集体介绍礼仪

集体介绍是他人介绍的一种特殊形式，被介绍者一方或双方都不止一人，大体可分两种情况：一是为一人和多人作介绍；二是为多人和多人作介绍。

一、集体介绍的时机

1.规模较大的社交聚会，有多方参加，各方均可能有多人，为双方做介绍。

2.大型的公务活动，参加者不止一方，而各方不止一人。

3.涉外交往活动，参加活动的宾主双方皆不止一人。

4.正式的大型宴会，主持人一方人员与来宾均不止一人。

5.演讲、报告、比赛，参加者不止一人。

6.会见、会谈，各方参加者不止一人。

7.婚礼、生日晚会，当事人与来宾双方均不止一人。

8.举行会议，应邀前来的与会者往往不止一人。

9.接待参观、访问者，来宾不止一人。

二、集体介绍的顺序

进行集体介绍的顺序可参照他人介绍的顺序，也可酌情处理。但注意越是正式、大型的交际活动，越要注意介绍的顺序。

1.少数服从多数原则。当被介绍者双方地位、身份大致相似时，应先介绍人数较少的一方。

2.强调地位、身份。若被介绍者双方地位、身份存在差异，虽人数较少或只一人，也应将其放在尊贵的位置，最后加以介绍。

3.单向介绍。在演讲、报告、比赛、会议、会见时，往往只需要将主角介绍给广大参加者。

4.人数多一方的介绍。若一方人数较多，可采取笼统的方式进行介绍。如："这是我的家人""这是我的同学"。

5.人数较多各方的介绍。若被介绍的不止两方，需要对被介绍的各方进行位次排列。排列的方法：A.以其负责人身份为准；B.以其单位规模为准；C.以单位名称的英文字母顺序为准；D.以抵达时间的先后顺序为准；E.以座次顺序为准；F.以距介绍者的远近为准。

三、集体介绍的注意事项

集体介绍的注意事项与他人介绍的注意事项基本相似。除此之外，还应再注意以下两点：

1.不要使用易生歧义的简称，在首次介绍时要准确地使用全称。

2.不要开玩笑，要很正规。介绍时要庄重、亲切，切勿开玩笑。

名片礼仪

名片是我国古代文明的产物。据清代学者赵翼在其著作《该余丛考》中记载："古人通名，本用削本书字，汉时谓之谒，汉末谓之刺，汉以后则虽用纸，而仍相沿曰刺。"可见，名片的前身即我国古代所用的"谒""刺"。

名片是现代社会私人交往和公务交往活动中一种重要的自我介绍方式，有人把它称之为自我的"介绍信"、社交的"联谊卡"。

名片发展至今，已是现代人交往中一种必不可少的联络工具，成为具有一定社会性、广泛性，便于携带、使用、保存和查阅的信息载体之一。在各种场合与他人进行交际应酬时，都离不开名片的使用。而名片的使用是否正确，已成为影响人际交往成功与否的一个因素。

名片在我国已有两千多年的历史。如今，拥有名片不再是高官显贵、名流贤达的特权。无论男女老少，不管地位高低，谁都可以拥有名片。名片不再仅仅用于通报姓名、身份和结交友人，已经被广泛用于答谢、邀约（代替请柬）、馈赠、祝贺、挽悼等事宜。随着社会的进步和科技的发展，名片的功能越来越多，因此，学会一些名片礼仪是非常必要的。

●名片的规格与材料

各国名片的规格是不尽相同的。目前我国通行的名片规格为9cm×5.5cm，而在国际上较为流行的名片规格则为10cm×6cm。在一般情况下，应以前一种标准订制名片。如果参与的公务活动多为涉外性质，则可采用后一种规格。夫妇名片和集体名片可在原有基础上再扩大一些。若无特殊原因，不必制作过大或过小的名片，更无必要将名片作成折叠式或书本式。

名片通常应以耐折、耐磨、美观、大方、便宜的纸张作为首选材料，如白卡纸、再生纸等。选用布料、塑料、真皮、化纤、木材、钢材甚至黄金、白金、白银等材料制作名片是毫无必要的。将纸质名片烫金、镀边、压花、过塑、薰香也是不合适的。

●名片的色彩与图案

名片宜选用单一色彩的纸张，并且以米白、米黄、浅蓝、浅灰等庄重朴实的色彩为佳。切勿选用过多、过杂的色彩，让人眼花缭乱，妨碍信息的接收。也不宜采用红色、紫色、绿色、黑色、金色、银色的纸张制作名片。一般而言，名片上除了文字符号外，不宜添加任何没有实际效用的图案。如果本单位有象征性的标志图案，则可将其印于前面，但不可过大或过于突兀。将照片、漫画、花卉等内容印在名片上，则会给人以华而不实之感。

●名片文字的版式

在正常情况下应采用标准的汉字简化字，如无特殊原因，不得使用繁体字。从事民族工作或涉外工作的人员则可酌情使用少数民族文字或外语。汉字与少数民族文字或外语同时印刷时，应将汉字印于一面，而将少数民族文字或某种外文印于另一面。不要在同一面上混合使用不同文字，一张名片上不宜使用两种以上文字。

以汉字印制名片时，一般采用楷体或仿宋体，尽量不要采用行书、草书、篆书等不易认的字体；以外文（主要采用英文）印制名片时，一般采用黑体字，在涉外交往中使用的名片亦可采用罗马体，但很少用草体。

不论采用何种字体，文字印刷都要清晰易识，不可模糊难辨，不宜自行手写名片，不能在印刷的名片上以笔增减、修改内容。

名片上文字的排列版式大体有两种。一是横式，即文字排列的行序为自上而下，字序为自左而右；二是竖式，即文字排列的行序为自右而左，字序为自上而下。一般而言，采用简化汉字的名片宜用横式。

同一张名片上，既可以两面均印有文字不同而本意相似的内容，也可以空出一面，而只在一面印有内容。没有必要在名片的一面印上名言警句。两面的内容相同时，不可使其一面为横式，一面为竖式。

●名片大致可以分为以下几类

1.应酬名片

其内容通常只有个人姓名一项，或加上本人的籍贯与字号。若为后者，则籍贯单独一行，顶格写，姓名与字号一行在中间，突出姓名，用大号字。这种名片主要适用于社交场合一般性的应酬，拜会他人时说明身份，馈赠时替代礼单，以及用作便条或短信。

2.社交名片

用于自我介绍与保持联络之用。其内容有两项：姓名用大号字印于中央，联络方式用小号字印于右下方。根据需要，联络方式可包括家庭住址及电话、邮编等。

3.公务名片

指在政务、商务、学术、服务等正式的业务交往中使用的个人名片。它是目前最为常见、使用最广的一种个人名片。标准的公务名片应该包括所在单位、个人称呼、联络方式三项。

所在单位，根据情况可由企业标志、供职单位、所在部门三部分构成。要注意的是，供职单位与所在部门最好都为一个，并写全称。此项内容以小号字印在名片左上角。

本人称呼，应由姓名、职务以及学术头衔三部分构成。后两项可有可无，但不宜过多，切不可列出很多头衔，最多不要超出两种为好。本人姓名应以大号字体印在名片中央，称呼以小号字体列在姓名之后。

联络方式应由单位地址、办公电话、邮政编码三部分内容组成，缺一不可。手机号码、传真号码、E-mail等通讯号码是否需要列出，应酌情而定。但是，家庭住址和住宅电话不宜提供。这些内容应以小号字印在名片右下角。

4.集体名片

集体名片，实际是公务名片的一个变种，它通常是指某一政府部门，尤其是那些对外交往较为频繁的政府部门，其主要成员集体对外使用的名片。

集体名片在基本内容构成上与其他公务名片没有任何区别，其特殊之处在于，在名片上列出某一集体的每一位主要成员的具体称呼，并按职务高低自上而下依次排列。使用集体名片不仅可以节省费用，而且还有助于维护和宣传集体。

5.夫妇名片

在社交场合，往往会携同其配偶一起参与交际应酬。此时与人交换名片，如果夫妇俩各自为政，先后与人交换显然较为麻烦；而如果夫妇中只选一个代表与人交换名片，则会失礼于人。在这种情况下，使用夫妇联名名片，即夫妇名片是最合适的。

夫妇名片实质是社交名片的一种特例。名片上的基本内容同样只包括姓名和联系方式两项，或只有姓名一项。所不同的是，夫妇名片同时印有夫妇两人的姓名。一般而言，两人姓名应印刷成一行，而不宜印成上下两行。

夫妇名片较多地运用于两人联名赠送礼品或投寄问候信函的场合。但若以某一方名义使用名片时，不要因此而涂去另一方姓名，涂抹名片是一种很不得体的做法。此时最好还是使用个人名片为好。

要掌握交换名片的时机。名片作为一种"介绍信"，它一般在如下一些场合使用：商业性交际场合互相送名片，社交中礼仪性拜访认识互送名片，经贸洽谈和生意上联系互送名片。

●正确使用名片的方法

1.名片夹存放

名片是一个人尊严、价值的一种外在显现方式，所以，无论对自己还是对别人的名片都应该妥善保管。名片应放在较精致的名片夹里。男士的名片夹应该放在左胸内侧的西装口袋或专门的公文包里，女士的名片夹应该放在包里。将名片夹放置于其他口袋是一种失礼的行为。在保管、存放自己和他人的名片时，最好分开放置，以免误将他人的名片当作自己的送给别人，这会使自己在交际中陷于尴尬境地。

2.名片的递送

首先，要分清对象。递送名片不能像发传单一样，见人就递，逢人就送。因为名片代表了一个人的身份，在未确定对方的来历之前就递出自己的名片，有失庄重，而且有日后被冒用的可能。

其次，适当注意送名片的顺序。名片的递送虽然没有太严格的先后之分，但一般是地位低的人先向地位高的人递送名片，男性先向女性递送名片。当对方不止一个人时，应先将名片递给职务较高或年龄较大者；如分不清职务高低和年龄大小时，则先和自己对面左侧的人交换名片。

再次，送给别人名片时，要事先拿在手里，或准备好放在易于拿出的地方，不要临时东翻西找。向对方递送名片时，应面带微笑，注视对方，将名片正对着接受名片的人，用双手的拇指和食指分别持握名片上端的两角，上体向前倾15°递给对方。如果是坐着的，应该起立或欠身递送。递送时，应说一些客气话，如"这是我的名片，请您收下"，"很高兴认识您，这是我的名片，希望以后多联系"等。

3.名片的接收

首先，接收他人递过来的名片时，除女性、老人和残疾者外，应尽快起身或欠身，上身前倾15°，面带微笑，用双手的拇指和食指分别持握名片的下角，并视情况说"谢谢""非常高兴得到您的名片"等，使对方感到你对他的名片乃至他本人很感兴趣。

其次，接过名片要认真看一遍，最后将名片上的重要内容，如对方的姓名、职务、单位等读出声来，有不清楚的地方可以请教，对方一定会很高兴地告诉你。拿到名片后，切不可在手中摆弄，也不要随意放在桌上，更不要在名片上压东西，这些都是不尊重对方的表现。

再次，当对方递给你名片后，如果自己没有名片或没有带名片，应先向对方表示歉意，再如实说明理由，如"很抱歉，我没有名片""对不起，今天我带的名片用完了，过几天我会亲自给您寄一张"等，以免对方怀疑你的诚意。

4.索要和婉拒名片的礼仪

为了尊重别人的意愿，最好不要向他人索要名片。如果确信是他忽略了而并非不愿意，则可用婉转的方式提醒："不知以后如何与您联系？可否留下通讯地址？"对方自然会想起送给你名片。

当别人向你索要名片，你不想给对方时，应用委婉的方法表达此意。可以说："对不起，我忘了带名片。"或者"抱歉，我的名片用完了。"

●名片的其他意义

名片除了具有在社交场合介绍自己的作用外，还有以下意义：

1.代替便条

名片用作一些即时性的礼节表示。在外国，名片作此用处时，可用铅笔在名片的左下方写一些特定意思的小写字母，如法文 P.f.n.s 表示恭贺新年。以名片来表达自己的礼仪性致意。

2.表示祝贺

在西方，有时将名片附在礼品中，以此表示自己亲自前往，不再附礼单了。特别是送鲜花时，可用名片表示自己的问候。

3.通报身份

当自己要拜访一些尊贵、陌生的人士时，为了避免到访的冒昧，往往先请人传进一张名片，通报身份，以便主人决定是否接待。

手势礼仪

手势属于体语，是人类交流的特殊方式。由于手势直接的表达方式和丰富的表现力，因而在人际交往中被广泛使用。恰当地运用手势，能够交流思想，沟通感情，表现独特性格，展示形象和风度。相反，倘若错误地运用或滥用手势，将会招来很大的麻烦。

手势是人们交往时不可缺少的动作，是最有表现力的一种"体态语言。"俗话说："心有所思，手有所指。"手的魅力并不亚于眼睛，甚至可以说手就是人的第二双眼睛。手势表现的含义非常丰富，表达的感情也非常微妙、复杂。如招手致意，挥手告别，拍手称赞，拱手致谢，举手赞同，摆手拒绝；手抚是爱，手指是怒，手搂是亲，手捧是敬，手遮是羞等。手势的含义，或是发出信息，或是表示喜恶等感情，能够恰当地运用手势表情达意，会为交际形象增辉。

一般认为，掌心向上的手势有诚恳、尊重他人的含义；掌心向下的手势意味着不够坦率缺乏诚意等。攥紧拳头暗示进攻和自卫，也表示愤怒。伸出手指来指点，是要引起他人的注意，含有教训人的意味。因此，在介绍某人、为某人引路指示方向、请人做某事时，应该掌心向上，以肘关节为轴，上身稍向前倾，以示尊敬。这种手势被认为是诚恳、恭敬、有礼貌的。

手势因国家地区、民族传统、文化背景以及礼仪习俗的迥异而不同。即使相同的手势，含义也千差万别，有的甚至大相径庭。仅以手势中的竖起大拇指、其余四指握拢为例，在我国表示顺利或夸奖别人；在美国和欧洲部分地区，表示需要搭便车；在德国表示数字"1"；在日本表示数字"5"；在澳大利亚代表骂人的话。

手势的运用还要考虑对方的地域习惯。如美国人、法国人使用手势较多。北欧人很少使用手势。过多的无意识的手势会令人心烦意乱，有时甚至被认为是粗鲁、放肆的表现。与亚洲人交谈，也应尽量少使用手势。在商务等公共场合，应避免使用事实上自己不太熟悉，以及尽管对方熟悉、但显得幼稚的手势。更不要使用可能有侮辱意味的手势。

超越区域文化界限的手势，若运用不慎，轻者造成笑话，重者惹人恼怒，甚至反目成仇。因此，在人际交往中，如果要潇洒自如地运用手势，就必须了解和掌握对方国家和地域的文化差异，以及特定的手势符号所表达的特定意思。换言之，对不了解的不用，不要依样画瓢，贻笑大方；对自己了解、别人不了解的也不用，以免造成误会。

在人际交往场合，手势动作幅度不宜过大，上限不超过对方视线，下限不低于自己胸前。手势不要重复，次数不宜频繁。通常不应用大拇指指自己，用食指指点他人，那样既缺乏礼貌，又不尊重别人。手势的运用要优雅、含蓄、得体。手势动作要准确到位，恰如其分地表达正确意思，不可错误操作，弄得对方一头雾水。

握手礼仪

人们在日常交往过程中，见面时习惯以握手相互致意。分别时以握手送别。别人帮助自己之后，往往也要握手表示谢意，别人取得成就时，我们向对方表示祝贺，也伴随着握手的礼节。可以说，握手是一个再简单不过的动作，却贯穿在人们交往、应酬的各个环节。其间的讲究、礼数是绝不能忽视的。

握手也有学问，当你跟对方握手时，目光一定要注视对方的眼睛，以表示你的专注和热诚。切不可一边与对方握手，一边东张西望，这样显得对对方不尊重，也不要注视对方的其他部位，而降低了对人的热情。

● 握手的由来

说法一：战争期间，骑士们都穿盔甲，除两只眼睛外，全身都包裹在铁甲里，随时准备冲向敌人。如果表示友好，互相走近时就脱去右手的甲胄，伸出右手，表示没有武器，互相握手言好。后来，这种友好的表示方式流传到民间，就成了握手礼。当今行握手礼也都是朋友或互不相识的人初识、再见时，先脱去手套，才能行握手礼，以示对对方尊重。

说法二：握手礼来源于原始社会。早在远古时代，人们以狩猎为生，如果遇到素不相识的人，为了表示友好，就赶紧扔掉手里的打猎工具，并且摊开手掌让对方看看，示意手里没有藏东西。后来，这个动作被武士们学到了，他们为了表示友谊，不再互相争斗，就互相摸一下对方的手掌，表示手中没有武器。随着时代的变迁，这个动作就逐渐形成了现在的握手礼。握手是我们日常生活中最常用到的礼节。

● 握手的顺序

握手时应注意伸手的次序，为什么要讲究谁先伸出手呢？主要是为了尊重别人。在某种情况下，我们先伸手是符合礼仪的，但在另外某种情况下先伸手又是失礼的。

在和女士握手时，男士要等女士先伸手之后再握。如女士不伸手，无握手之意，男士点头鞠躬致意即可，在此情况下不可主动去握住女士的手。

在和长辈握手时，年轻者一般要等年长者先伸出手。接待来访客人的主人，有向客人先行握手礼的义务，无论客人是男是女，女士作为主人，应该先伸出手，男士作为主人也可先伸出手，以示欢迎。

在和上级握手时，下级要等上级先伸出手再趋前握手。但如果是主宾关系，做主人的尽管是下级也应先向上级伸出手。

●握手的时间

握手时间不宜过长或过短，一般控制在3秒钟之内。男士与女士握手，时间要短一些，用力要轻一些，一般应握女士的手指。握手时要专注，避免目光他顾，心不在焉，也不应该目光下垂。

●握手的时机

何时握手，是一个微妙的问题，它涉及双方的关系、现场的气氛，以及当事人的心理因素等条件。一个人在交往中显得彬彬有礼，那么，在下列时刻是有必要与交往对象进行握手的，否则就是失礼的。

（1）在社交场合的彼此会面与道别后要握手。

（2）同久别重逢的亲朋好友见面时要握手。

（3）向他人表示恭贺、祝贺时要握手。

（4）自己在接受奖状、奖品时同发奖人要握手。

（5）参加各种红白之事，告辞时同主人要握手。

（6）向他人表示谢意时要握手等。

●握手的方式

握手一定要用右手，即使是左撇子，也要伸出右手去握，这是约定俗成的礼仪。握手的形式主要有两大类，即：

1.三种标准的握手方式

第一种是平等式握手。这是最为普通的握手方式，即施礼双方各自伸出右手，手掌呈垂直状态，四指并拢，虎口张开，肘关节微屈抬至腰部，上身微前倾，目视对方与之右手相握，可以适当上下抖动以表示亲热。这种握手方式适用于与初次见面或交往不深的人相握。

第二种是手扣手式握手。主动握手者用右手握住对方的右手，再用其左手握住对方右手的手背。这种形式的握手，在西方国家被称之为"政治家的握手"。用这种形式握手的人，试图让接受者感到他热情真挚、诚实可靠。在朋友同事之间，很可能会达到预想的结果。然而，如果与初次见面的人相握，则可能导致相反的效果，因为，接受者可能怀疑主动者的动机。

第三种是双握式握手。用双手握手的人，目的是想向对方传递出一种真挚、深厚的友好感情。这种形式的握手有两个组成部分：第一，主动握手者的右手与对方的右手相握，他的左手移向对方的右臂。这样，他伸出的右手和左臂就可以向接受者传递出更多的感情。第二，主动握手者左手进入对方的亲密区域。这样，他的左手和左臂就给对方增加了额外的温暖。应该注意的是这种握手方式只在情投意合或感情极为密切的人之间进行。

2.三种非标准的握手方式

第一种是木棍式握手。握手时，有人相距很远就伸出一支木棍似的胳膊。其主要目的是想同对方保持一定的距离。原因一是防止对方侵入他的空间范围，二是握手人害怕侵犯对方的空间范围，比如，地位和等级的差别等。

第二种是抓指尖式握手。这种握手方式，即使主动伸出手的人，表面上显得热情亲切，但是，这种握手仍会给对方一种十分冷淡的感觉。其目的也是想保持与对方的距离间隔。

第三种是伸手式握手。将接受握手者的手拉过来与自己的手相握，这种握手可能意味着主动握手者属于"胆怯型"，只有在他的个人区域内，他才会感到安全。这种握手给人以不舒服的感觉。

● **握手的掌势**

握手之时，若掌心向下则显得傲慢，似乎处于高人一等的地位，表现出一种支配欲和驾驭感。很显然，下级对上级、晚辈对长辈、学生对老师使用这种掌势是失礼的；握手之时，若掌心向上，则是谦恭和顺从的象征；握手之时，若双方手掌均呈垂直状态，两人都欲处于支配地位，并都想使对方处于顺从状态。而在涉外场合，双方手掌均呈垂直状态，则意味着地位平等。

● **握手的禁忌**

握手前，男子应摘下手套和帽子。女子的戒指如果戴在手套外边，可不摘手套，否则也应摘下手套与人握手。握手时另一只手也不能放在口袋里。按国际惯例，身穿军服的军人可以戴手套与人握手。伸出去的手最好不要是湿的或脏的。除了有眼疾者之外，不要戴墨镜与人握手。不要用左手与人握手，否则会给对方以不舒服、不愉快的感觉。

多人相见时，注意不要交叉握手，也就是当两人握手时，第三者不要把胳膊从上面架过去，急着和另外的人握手。

在任何情况下，拒绝对方主动要求握手的举动都是无礼的。但手上有水或不干净时，应谢绝握手，同时必须向对方解释并致歉。

恰当地握手，可以向对方表现自己的真诚与自信，也是接受别人和赢得信任的契机。

致意礼仪

致意是一种用非语言方式表示问候的礼节，也是最为常用的礼节，它表示问候、尊敬之意。通常用于相识的人或有一面之交的人在公共场合或间距较远时表达心意。致意时应该诚心诚意，表情和蔼可亲。若毫无表情或精神萎靡不振，则会给人以敷衍了事的感觉。

致意的方式是多种多样的，如举手、点头、微笑、欠身、脱帽等。

1.微笑致意

适用与相识者或只有一面之交者在同一地点，彼此距离较近但不适宜交谈或无法交谈的场合。微笑致意可以不做其他动作，只是两唇轻轻示意，不必出声，即可表达友善之意。微笑如与点头示意结合起来表达意思，则效果更佳。

2.点头致意

点头（也称颔首礼）也是一种致意方法，它适用于在一些公众场合与熟人相遇又不便交谈时；在同一场合多次见面时；路遇熟人时等情况。点头时要面带微笑，目视对方，轻轻点一下头即可。行点头礼时，不宜戴帽子。

3.举手致意

举手致意的场合与点头致意的场合大体相同，并且是对距离较远的熟人的一种打招呼的形式。正确的做法是：右臂向前方伸直，右手掌心朝向对方，四指并拢，拇指叉开，轻轻向左右摆动一两下即可。

4.欠身致意

欠身致意是指身体上部分微微一躬，同时点头，是一种恭敬的致意礼节，多用于对长辈或自己尊敬的人致意。运用这种致意方式时，身子不要过于弯曲。

5.起立致意

在较正式的场合里，有长者、尊者要到来或离去时，在场者应起立表示致意。如长者、尊者来访，在场者应起立表示欢迎，待来访者落座后，自己才可坐下；如长者、尊者离去，待他们离开后才可落座。

6.脱帽致意

这是在戴帽子进入他人居室、路遇熟人、与人交谈、行其他见面礼、进入娱乐场所、升降国旗、演奏国歌等情况下，应行的致意礼。脱帽致意应微微颔首欠身，用距离对方稍远的那只手脱帽，将其置于大约与肩平行的位置，以使姿势得体、优雅，同时便于与对方交换目光。脱帽致意时，另一只手不能插在口袋里。坐着时不宜脱帽致意。

7.注目致意

注目致意主要用于升国旗、剪彩揭幕、庆典等活动时。行注目礼时，不可戴帽、东张西望、嬉皮笑脸、大声喧哗。正确的做法为：身体立正站好，挺胸抬头，双手自然下垂放于身体的两侧，表情庄重严肃，目视行礼对象，并随之缓缓移动。

● **致意的礼规**

1.致意要讲究先后顺序。通常应遵循：年轻者先向年长者致意；学生先向老师致意；男士先向女士致意；下级先向上级致意。

2.致意时应大方、文雅，一般不要在致意的同时，向对方高声叫喊，以免妨碍他人。

3.如遇对方先向自己致意，应以同样的方式回敬，不可视而不见。

鞠躬礼仪

鞠躬起源于中国。商代有种祭天仪式"鞠祭"，祭品为猪、牛、羊等，不切成块，而是将其整体弯卷成圆形，再摆到祭祀处祭奉，以此来表达祭祀者的恭敬与虔诚。这种习惯一直保持到现在。

人们在现实生活中，逐渐援引这种形式来表达自己对地位崇高者或长辈的崇敬。于是，弯一弯腰，象征性地表示愿把自己作为鞠祭的一个牺牲品而奉献给对方。这就是鞠躬的来历。这种礼节在我国春秋时期就已出现，如《论语·乡党》："入公门，鞠躬如也。"

鞠躬礼是人们在生活中对别人表示恭敬的一种礼节，既适用于庄严肃穆、喜庆欢乐的仪式，也适用于一般的社交场合。在一般的社交场合，晚辈对长辈、学生对老师、下级对上级、表演者对观众等都可行鞠躬礼。领奖人上台领奖时，向授奖者及全体与会者鞠躬行礼；演员谢幕时，对观众的掌声常以鞠躬致谢；演讲者也用鞠躬来表示对听众的敬意。

鞠躬礼在东南亚一些国家较为盛行，如日本、朝鲜等。所以，在接待这些国家的外宾时，可以行鞠躬礼致意。行鞠躬礼一般有三项礼仪准则：

1.他人向你行鞠躬礼应还以鞠躬礼。

2.地位较低的人要先行鞠躬礼。

3.地位较低的人鞠躬要相对深一些。

鞠躬礼分为两种，一种是三鞠躬。行礼之前，应脱帽或摘下围巾，身体肃立，目光平视，身体上部向前下弯约90°，然后恢复原样，如此连续三次。另一种是深鞠一躬，几乎适用于一切社交和商务活动场合，在初见的朋友之间、同志之间、宾主之间、下级与上级之间、晚辈与长辈之间，为了表达对对方的尊重，都可以行鞠躬礼。行鞠躬礼时，应立正站好，保持身体端正，面对受礼者，距离约二三步远，以腰部为轴，整个腰及肩部向前倾15°～90°(具体的前倾幅度视行礼者对受礼者的尊敬程度而定)，目光向下，同时问候"您好""早上好""欢迎光临"等，双手应在上体前倾时自然下垂平放于膝前或体侧，面带微笑，尔后恢复立正姿势，并双眼礼貌地注视对方。

几种错误的鞠躬方式：

◆只弯头的鞠躬。

◆不看对方的鞠躬。

◆头部左右晃动的鞠躬。

◆双腿没有并拢的鞠躬。

◆驼背式的鞠躬。

◆可以看到后背的鞠躬。

拥抱礼仪

　　像握手一样，拥抱是人们见面的一种问候礼仪和礼节。尽管无法详细考证拥抱的起源，但结合握手本源，是男人为向对方表示没有携带武器的一种示好方示，拥抱应该也与此有关，是握手的升级版。

　　一般情况下，拥抱发生在两人之间，既可以是熟人，也可以为陌生人。拥抱在欢乐中进行，也在悲伤中发生。它包含着各种复杂讯息，即可以表示问候，也可以传递支持。拥抱表达重逢喜悦，也寄托离别惆怅；它既反映浓浓的敬意，也烘托深深的爱意。

　　所谓拥抱礼，一般指的是交往双方互相以自己的双手揽住对方的上身，借以向对方致意。在中国，人们对此不甚习惯，而在国际社会中，它却得到广泛的运用。对于拥抱礼，主要应注意下述四点：

　　1.具体做法。拥抱礼最常见的做法是：两人走近之后，先各自抬起右臂，把右手搭在对方左肩之后，随后左右侧拥抱，最后再向对方的左侧拥抱。

　　2.具体区域。一般来讲，拥抱礼在西方国家广为流行。在中东欧、大洋洲各国、非洲与拉丁美洲的许多国家里，拥抱礼也颇为常见。但是在东亚、东南亚国家里，人们对此却不以为然。

　　3.具体场合。在庆典、仪式、迎送等较为隆重的场合，拥抱礼最为多见，在政务活动中尤为如此。在私人性质的社交、休闲场合，拥抱礼则可用可不用。在某些特殊的场合，诸如谈判、检阅、授勋等，人们则大都不使用拥抱礼。

　　最后，再送给大家关于拥抱的五个小贴士：

　　1.所有拥抱都是有时间限制的。除非亲密爱人或心存特殊企图，否则每次拥抱最好不要超过2秒。

　　2.以适当力度进行拥抱。

　　3.想获得更好回应，请在拥抱时，一手轻抚对方背部。

　　4.在情感或皮肤饥渴情况下，多进行一个人的拥抱。早上没人拥抱，就进行自我温暖，开始温情愉快的一天。

　　5.最无理和最伤人的举止就是在对方给你拥抱时，不还以拥抱。所以，为了表现修养和礼节，即使你是非拥抱者，即使你非常不喜欢对方，在得到拥抱时，也请还礼。

亲吻礼仪

亲吻，是源于古代的一种常见礼节。人们常用此礼来表达爱情、友情、尊敬或爱护。据说它产生于婴儿与母亲间的嘴舌相昵，也有人说它产生于史前人类互舔脸部来吃盐的习俗。据文字记载，在公元前，罗马与印度已流行公开的亲吻礼。有人认为，古罗马人爱嚼香料，行亲吻礼足以传出口中的芳香。也有人说，古人用亲吻时努唇的形状来表示爱情的心形。还有人考证，法国是世界上第一个公开行亲吻礼的国家。当代，许多国家及地区的上流社会此礼日盛。

行此礼时，往往与一定程度的拥抱相结合。不同身份的人，相互亲吻的部位也有所不同。一般而言，夫妻、恋人或情人之间，宜吻唇；长辈与晚辈之间，宜吻脸或额；平辈之间，宜贴面。在公开场合，关系亲密的女子之间可吻脸，男女之间可贴面，晚辈对尊长可吻下颌或面颊，男子对尊贵的女子可吻其手指或手背。非洲某些部族的居民，常以亲吻酋长的脚或酋长走过的地方为荣。在古罗马与古波斯等国，同阶级的人可以吻唇，不同阶级的人只能吻面。

亲吻在某些国家里的热烈程度，是由参与者之间的熟悉程度以及性别来决定的，不过有些国家则不然。最好的例子是地中海国家，他们无论男女都以相互吻面颊作为问候礼，即使陌生人也如此。

在意大利和法国，人们社交性质的亲吻是每天的必修礼仪，老幼都清楚何时应该亲吻以及亲吻何处和吻几次，人们认为亲吻绝非难堪之事，自然用不着回避和否认。

但是在英国、德国和北欧国家，亲吻就显得保守些了，假如是彼此熟悉的朋友或亲戚关系，相互吻面颊也只限于女士之间及男女之间。而男人并不互相亲吻面颊，虽然近些年开始有些松动变化。

另外，不同国家的亲吻次数上也有差异，北欧斯堪的纳维亚半岛的人仅吻一次就够了，法国人喜欢左右脸颊各吻一次，然而荷兰人和比利时人则至少吻上三次。不过这并不意味着荷兰人和比利时人是欧洲最热烈的亲吻者。

提到亲吻，法国人无疑堪称天下无敌手。无论是亲吻在日常生活中的首要地位，还是对它的偏爱，法国人都居欧洲之冠。这就不难理解，为何以亲吻为题材的两尊闻名世界的雕像，罗丹的"吻"和勃朗库西的"吻"，都完成于巴黎。

据称法国还是深吻的发源地，因此标榜为"法国式的热吻"，法语里特有的"Maraichinage"一词即是深吻之意，而德语里也把深吻称作法国吻。

然而无论深吻到底源自何地，欧洲亲吻者中法国人显然名列前茅，而英国人则位于尾端，不过历史上英法两者的地位有段时期则是另一番景象。令人难以想象，被公认为不太喜欢流露感情及不易接触的英国人，曾一度因其社交行为而在国际上名声显赫。

15世纪时期，似乎英国人更擅长亲吻，1466年波希米亚贵族列奥·冯·罗斯米塔尔描述道："当客人踏进旅店时，英国人的风俗是，女主人及其全家都会出来迎接，并盛情地邀请客人逐一亲吻他们全部人，这一礼节在英国就如同其他国家的人握手一样普通。"

许多历史资料都证明，15世纪末的英国，亲吻简直如同流行病一样普遍。同时也反映出在当时的德国、意大利与荷兰，显然对亲吻的礼节还很陌生。

事实上，已经有大量的文字资料显示，不分男女皆以亲吻来欢迎陌生人的习俗，在那个时代似乎是英国人的专利。另外，恋人双方互相公开接吻也是被接受的。实际上，亲吻脸颊还是嘴唇都不是问题，因为人们通常互吻嘴唇也不罕见。

1545年，一名希腊旅行家评论英国人的接吻习惯时称："英国人对于同女性接吻，显现出了极大的纯洁和无嫉妒心，不但自家人问候时要拥抱并亲吻她们，即使是初次见面的陌生人也是如此。"

当我们有必要向他人行亲吻礼时，一般有如下三点要特别注意：

一是点到为止。在亲吻别人时，不论与对方关系如何，不论双方是否是同性，都不宜表现得过于热烈，过于投入。一般以唇部象征性地接触对方一下即可。

二是部位不同。根据惯例，在行亲吻礼时，关系不同之人，亲吻对方的部位是大有差别的。在正常情况下，接吻，即互相亲吻对方的嘴唇，仅仅局限于夫妻或者恋人之间，因此不宜滥用。

三是国情差异。在西方国家，亲吻礼既适用于同性之间，也适用于异性之间，而在有些国家里，则仅限于同性之间使用，异性之间绝对不得使用。

脱帽礼礼仪

这个礼节来源于冷兵器时代。当时，作战都要戴头盔，头盔多用铁制，十分笨重。战士到了安全地带，首先是把头盔摘下，以减轻沉重的负担。这样脱帽就意味着没有敌意，如到友人家，为表示友好，也以脱盔示意。这种习惯流传下来，就是今天的脱帽礼。

时至今日，行脱帽礼已经在美国很罕见了，部分的原因是社交礼仪已不那么严格，另有部分原因即人们也不怎么戴帽子了。然而在20世纪50年代，男人对女人脱帽行礼还是司空见惯的，不论在室内还是搭电梯，男人们都要脱帽。（在1949年，已知最早的电梯礼仪准则里这么说：不计其数的女人抱怨男人们在人群中行礼时总打到她们的头，因此男人们不要脱帽了。）但是在18世纪，人们认为在室内戴帽子是不礼貌的。男士向女士们打招呼时应该脱帽，接着应该再戴回去。这么做的原因太简单了。首先，在大多数国家的历史中，帽子是所在阶层的标记，也是社会地位的可见标志。戴帽的传统可溯源至古罗马时期。那时，头上的盖饰是社会或政治优越感的标志。其次，要是把帽子抓在手上，拔剑就不方便了。

正如头上盖上什么，标志着某种优越感，若不加盖饰就标志着某种服从了。从中世纪早期以来，脱帽，不论这帽子是布做的还是金属的都表示服从。这种风俗的原始意义在以下的一些表达中就有所反映，如with hat in hand，意为"对……膜拜，言听计从"；I take my hat off to him. 意为"我对他表达仰慕之意"。

在国际交往中，每逢正式场合以及一些社交场合，人们往往会向自己的交往对象行脱帽礼。在东西方国家里，它都较为流行。所谓脱帽礼，是指以摘下本人所戴帽子的方式，来向交往对象致意。行脱帽礼时，一般有以下三点注意事项：

1.方法有异。行脱帽礼时，戴制服帽者，通常应双手摘下帽子，然后以右手执之，端在身前。戴便帽者，则既可以完全摘下帽子，又可以右手微微一抬帽檐代之。不过越是正规之时，越是要求完全彻底地摘下帽子。

2.男女有别。本着"女士优先"的精神，一般准许女士在社交场合内不必摘下帽子，而男士则不享有此项特殊待遇。

3.用途广泛。一般而言，脱帽礼除适用于见面时之外，还适合于其他场合。比如路遇熟人，进入他人居所或办公室，步入娱乐场所，升挂国旗以及演奏国歌时，都可以行脱帽礼。

合十礼礼仪

在一些亚洲国家里，合十礼十分流行。所谓合十礼，亦称合掌礼，是以双手手掌十指相合的形式，来向其交往对象致意的礼节。严格地讲，合十礼其实是一种佛教的专用礼节。因此，它在东南亚、南亚等一些普遍信奉佛教的国家里十分流行。在欧洲、美洲与非洲，行合十礼时，有三点必须为施礼者所重视：

1.神态庄严。在向他人行合十礼时，允许施礼者面含微笑，亦可同时口颂祝词或问候对方。但是，最佳的神态却是庄严凝重。此刻嬉皮笑脸，挤眉弄眼，探头探脑，手舞足蹈或者随口胡说是绝不允许的。

2.郑重其事。作为一种宗教礼节，合十礼在其施行之时要求郑重其事。它的标准做法是：双掌十指相合于胸部正前方，五指并拢，指尖向上，手掌上端大体与鼻尖持平，手掌整体上向外侧倾斜，双腿直立，上身微欠，低头。行礼之时，身体一般应当立正不动。不过，只要不是疾步狂奔，在缓步行进时，亦可施行此礼。

3.敬意有别。根据传统做法，在向别人行合十礼时，自己合十的双手举得越高则越能体现出对对方的尊重。然而一般情况下，在正式场合向别人行合十礼时，原则上不应使之高过自己的额头。因为佛教认为唯有礼佛之时，才将合十的双手举得较高。

抚胸礼礼仪

在一些亚洲国家以及欧美国家里，人们在与别人相逢之时，往往会抚胸为礼。在一些较为隆重的场合，例如升国旗、奏国歌时，也时有所见。所谓抚胸礼，又称按胸礼，它一般是指以手部抚按于胸前的方式，来向他人致意。实际上，它也具有一定的宗教含义。而当初它所表示的往往是誓言或宣誓之意。行抚胸礼时，通常对以下两点应予以注意：

1.方法适当。行抚胸礼时，其方式必须正规。一般的做法是：上身稍许前躬，眼睛注视交往对象或目视正前方，头部端正或微微抬起，以右手掌心向内、指尖朝向左上方，然后将其抚在本人的左胸之前。切记，行此礼时，不仅应当态度认真而庄重，而且绝对不允许以左手行礼，抚按右胸。

2.兼施他礼。正如亲吻礼与拥抱礼往往相伴一样，抚胸礼通常也会与一些其他的见面礼同时使用。最为常见的，就是抚胸礼与鞠躬礼同时使用。在有些国家里，人们则往往习惯于先行抚胸礼，然后再与交往对象握手为礼。

吻手礼礼仪

在欧洲与拉丁美洲，异性在社交场合见面时，往往会采用吻手礼。所谓吻手礼，实际上是亲吻礼的一种特殊形式，它是以一个人亲吻另外一个人的手部，来向对方表示致意的礼节。在亚洲国家里，吻手礼与亲吻礼一样，都不甚流行。在国际交往中有可能接触吻手礼，必须对其下述三个方面有所了解：

1.单向性。一般的见面礼，如握手礼、拥抱礼、亲吻礼等，往往都具有双向性，即有来有往，彼此相互施礼。但是吻手礼却较为特别，它通常是单向施礼的，其施礼对象不适合以相同形式向施礼者还礼。

2.对象性。吻手礼大都是男士向女士施礼，接受吻手礼的女士，往往都是已婚者。按惯例，一般不应当向未婚女性施吻手礼。

3.限定性。在正式场合施吻手礼时，通常有两个特殊的限制：第一，行礼的地点应当是在室内。在街道上行此礼，是不合时宜的。第二，吻手的部位应当是女士的手指或手背。被吻的手，大都是右手，当男士吻女士的手时，必须是轻轻的，具有象征性的接触，而不是"大张旗鼓"的。

问候礼仪

日常交际免不了相互问候，掌握问候的礼貌用语是社交礼仪的客观要求。问候就是向对方说一些表示良好祝愿或欢迎的话。对他人真诚地问候，是增加生活乐趣、增进感情的一种礼节形式。

在路上若遇见熟人，要主动打招呼，互相问候，不能视而不见，把头扭向一边。这是最基本的礼貌要求。但也不宜在马路上聊个不停，影响他人走路。

很多人都有这样的感受，就是在路上遇到不很熟悉的异性感觉很尴尬，不打招呼显得不礼貌，打招呼又不太好意思，或怕对方误会。正确的做法应该是，一位女士偶然在路遇见不很熟悉的男士，理应点头招呼，但不要显得太热情，也不要用冷冰冰的面孔来点头；一位男士偶然在路上遇见不太熟悉的女士，应首先打招呼，但表情不可过分殷勤。

见到很久不见的老朋友，不要大声惊呼，也不要隔着几条马路或隔着人群就大声呼唤，如果边喊边穿马路，那就可能会有危险了。问候之后，如果还想多谈一会儿，应该靠边一些，避开拥挤的行人，不要站在穿行的人流中进行攀谈。

两人以上同行遇到熟人时，你应主动介绍一下这些人与你的关系，如"这是我的同事"，但没必要一一介绍，然后应向同伴们介绍一下你的这位熟人，也只要说一下他与你的关系即可，如"这是我的邻居"，被介绍者应相互点头致意。

如果男女两人一同上街，遇到女士的好朋友，女士可以不把男伴介绍给对方，男士在她们寒暄时，要自觉地隔开一定距离等候，待女伴说完话后一同离开；女士对男伴的等候应表示感谢，且与人交谈的时间不可过长，不应该让同伴等很长时间。如果遇到男士的好朋友，男士应该把女伴介绍给对方，这时女士应向对方点头致意。如果是两对夫妇或两对情侣路遇，相互致意的顺序应是：女士们首先互相致意，然后男士们分别向对方的妻子或女友致意，最后才是男士们互相致意。

在向他人问候时我们需要注意以下几个方面：

1.问候的内容

问候内容分为两种，分别适用不同场合：

直接式：所谓直接式问候，就是直接以问好作为问候的主要内容。它适用于正式的交往场合，特别是在初次接触的陌生商务及社交场合，如："您好""大家好""早上好"等。

间接式：所谓间接式问候，就是以某些约定俗成的问候语，或者在当时条件下可以引起的话题，主要适用于非正式、熟人之间的交往。比如："最近过得怎样""忙什么呢""您去哪里"等，来替代直接式问候。

2.问候的态度

问候是敬意的一种表现，态度上一定要注意：

主动：向他人问候时，要积极、主动。当别人首先问候自己时，要立即予以回应，千万不要摆出一幅高不可攀的样子。

热情：向他人问候时，要表现得热情、友好、真诚。毫无表情或者冷漠的问候不如不问候。

大方：向他人问候时，主动、热情的态度，必须表现得大方。矫揉造作、神态夸张或者扭扭捏捏，反而会给人留下虚情假意的印象。而且一定要专注。问候的时候，要面含笑意，与他人有正面的视觉交流，以做到眼到、口到、意到。不要在问候对方的时候，目光游离、东张西望，这样会让对方不知所措。

3.问候的次序

在正式场合，问候一定要讲究次序。

一对一的问候：两人之间的问候，通常是位低者先问候，即身份较低者或年轻者首先问候身份较高者或年长者。

一对多的问候：如果同时遇到多人，特别在正式会面的时候。这时既可以笼统地加以问候，比如说"大家好"；也可以逐个加以问候。当一个人逐一问候多人时，既可以由"尊"而"卑"、由"长"而"幼"地依次进行，也可以由"近"而"远"依次进行。

4.问候的礼节

亲友之间互致问候有一个约定俗成的惯例，即在顺序上男性应先问候女性，晚辈先问候长辈，年轻人先问候老年人，下级先问候上级，年轻女性先问候比自己年龄大得多的男性。总之，主动问候，这是尊重他人的表现，即使比对方年长，主动问候也不失自己的身份，只会多增加一份友情。

5.问候的方式

常见的有以下几种：①口头问候；②书信问候；③贺卡或明信片问

候；④电报、电话问候；⑤送物致意。在致各种问候的同时，如有条件，再适当送些礼物表示问候则是更好的方式。

6.特殊问候

特殊问候是在以下三种情况下的问候：

一是节日问候。在节日到来时，向在远方的或不常见面的亲友及关系较密切的商业客户的问候，这是联络感情的最简便而又极有效的方式。二是喜庆时的问候或道贺。如对方店铺开业、事业有成、乔迁新居等喜事，应向其表示祝贺并致以问候。三是不幸时的问候或安慰。如对他人事业受挫、家庭变故、失恋、遭灾等不幸，表示同情、安慰，并给予必要的帮助。

寒暄礼仪

寒暄者，应酬之语是也。问候，也就是人们相逢之际所打的招呼，所问的安好。在多数情况下，二者应用的情景都比较相似，都是作为交谈的开场白来使用的。从这个意义讲，二者之间的界限常常难以确定。

寒暄的类型主要有：

1.一般问候型寒暄

这种寒暄在用语上较为随意，所谈论的内容既可包括饮食起居，天气冷暖，也可包括普通的问候，它并不表明问话者的真实意图，只是起营造气氛的作用。这种寒暄具有随意、简短的特点。

2.攀认求同型寒暄

在人际交往的过程中，如果双方能够在诸如出生地、职业活动、日常爱好、生活遭遇等方面寻找到共同点，那么彼此认同达成共识的几率就会大大提高，能够很快地打破呆板、僵滞的局面，使交往向着更加密切融洽的方向发展。这种寒暄就是要寻找这个共同点，如双方在交往伊始从语言中、从语音中寻觅到共同的"乡音"，马上便进入"君从故乡来，应知故乡事"的阶段，从而为进一步的交往打下良好基础；又如双方从共同的职业中寻觅出许多共同感兴趣或者都能够发表见解的话题，也会起到很好的营造气氛的作用。

3.仰慕敬重型寒暄

这种寒暄的主要内容就是由于仰慕对方的人品、学识、社会地位而在用语上表现出的谦恭性的客套。在日常生活中诸如此类的寒暄语可划归为这一类型，如"先生，您的大作已经拜读了，真是受益匪浅"；"先生，久仰大名，今日见面不胜荣幸"；"先生，您的风采早有耳闻，今日一见果然气度不凡"等，这种类型的寒暄显得更加客套、礼貌、正规。或许在人际交往的活动中，寒暄的实际意义并不明显，它所发挥的情感导入功能，营造气氛功能，导引交谈主题功能都只是人际交往的前奏或铺垫，但是人们并没有什么充足的理由来忽视它，或许也正是由于它是人际关系发生、发展的起点才显示出它的独特性或重要性。

寒暄主要的用途，是在人际交往中打破僵局，缩短人际距离，向交谈对象表示自己的敬意，或是借以向对方表示乐于与之结交之意。所以说，在与他人见面之时，若能选用适当的寒暄语，往往会为双方进一步的交谈，打下良好的基础。反之，在本该与对方寒暄几句的时刻，反而一言不发，则是极其无礼的。

在当被介绍给他人之后，应当跟对方寒暄几句。若只向他点点头，或是只握一下手，通常会被理解为不想与之深谈，不愿与之结交。

寒暄语不一定具有实质性内容，而且可长可短，需要因人、因时、因地而异，而它却不能不具备简洁、友好与尊重的特征。

寒暄语应当删繁就简，不要过于程式化。例如，两人初次见面，一个说："久闻大名，如雷贯耳，今日得见，三生有幸。"另一个则道："岂敢，岂敢！"搞得像演古装戏一样，就大可不必了。寒暄语应带有友好之意，敬重之心。既不容许敷衍了事，也不可用以戏弄对方。

问候语具有非常鲜明的民俗性、地域性的特征。比如，老北京人爱问别人："吃过饭了吗?"其实质就是"您好"的意思。您要是答以"还没吃"，意思就不大对劲了。若以之问候南方人或外国人，常会被理解为"要请我吃饭""讽刺我不具有自食其力的能力""多管闲事""没话找话"，从而引起误会。

在某些国家里也有一句与"吃过饭没有"异曲同工的问候语："牲口好吗?"你可别生气，人家这样问候您，绝不是拿您当牲口，而是关心您的经济状况如何。在以游牧为主的国家，还有什么比牲口更重要的呢? 问您"牲口好吗"的确是关心您的日子过得怎么样。为了避免误解，寒暄应该统一而规范，最好不要乱说。

约会礼仪

在日常社交活动中，约会是非常常见的。必要的约会有利于联络人们的感情，增进友谊。但是，约会也有一定的礼仪规范，了解熟悉约会的礼仪规范，可以使你在约会中显得彬彬有礼，光彩照人。

1.约会的提出

所谓约会，无约便没有会，约会首先要有约。一般而言，约人相会，一定要用商量的口吻，选择对方认为恰当的时间与地点。

约会可以当面提出，也可以用电话提出；更可以用电子邮件、传真或书信等方式提出。但无论是哪种方法的约会，都应讲究礼节与技巧。如果是对方提出的约会要求，目的和内容不清楚时，就要问一下有什么事，要不要事先准备些什么东西。如果是自己主动提出来的约会要求，就要向对方说明约会的用意，请对方事先做些什么准备，带些什么东西，使约会在充分准备的基础上进行，其效果必然是较好的。如果对方有拒绝之意，就不要勉强、为难对方，可以有礼貌地问问以后什么时候方便再进行约会，并表示歉意。

2.约会的答应、拒绝、取消

接到约会的邀请后，应根据具体情况，决定应约还是拒绝，约会并不是有求必应，有请必到。但是，拒绝约会必须讲究礼仪。

（1）答应约会

当答应对方约会时，一定要按时赴约，既不要到得过早，也不要迟到。如遇特殊情况迟到时，一定要主动向对方说明情况，同时表示歉意。重要的约会，一定要尽可能把影响时间的因素考虑在内，注意在时间的安排上留有余地。至于约会是否要带礼品，要视具体情况而定。该带礼品而不带的，也是一种失礼行为。

（2）拒绝约会

当拒绝约会时一定要注意考虑对方的自尊心，一般不要直言直语，而应委婉、艺术地回绝对方。如："对不起，今晚我已有约会，请谅解。"此外，也可以用改变约定的方式来回绝，如："再过些日子，我约你怎么样？"

（3）约会的取消

有时答应了别人的约会，但因突发事件而无法按时赴约，就会发生取消约会的问题。取消约会一定要事先通知对方，并向对方说明原因，请求谅解。如有可能的话，应与对方重新约定新的约会时间和地点。取消约会必须慎重，不是万不得已的情况，不要轻易取消约会，以免给对方留下不好的印象。

3.约会中的称呼

（1）称呼老师、长辈、上级时应用"您"，而不能用"你"，更不要直呼其名。可在其姓氏后加上适当的尊称，如"李老师""刘先生""王经理""张董事长"等；对资格老的前辈，也可在其姓氏后加上"老"字，如"王老""李老"等。

（2）对于客人或初次相见者，一般最好使用敬称"您"，而不要直接用"你"相称，以表示对对方的尊重。

（3）老朋友或亲密无间者之间的约会则可直接使用"你"，也可用昵称，以免给人以拘谨、生疏之感。但也要注意不要滥用乳名、外号等。

（4）在涉外活动中的约会，称呼应按照国际通行的惯例，如对男士一般称呼"先生"，对已婚女士称"太太"或"夫人"，对未婚女士则称"小姐"。

4.约会规则

（1）注意个人仪表形象

赴约时，必须准时到达约会地点，最好能提前几分钟，如果有什么特殊情况迟到了，就要向对方说明原因并表示歉意，请对方谅解。赴约时，服饰必须整洁合体，根据当时的具体情况，如季节、早晚、约会场所、约会对象等进行简单的化妆和修饰，如果是男士，就需要刮胡子、理发、修剪指甲、擦皮鞋之类；如果是女性的话，除了把头发理好之外，还需要适当抹些口红、擦些粉之类。

（2）注意个人言谈举止

在约会时，态度既要热情友好，又要不失端庄大方；交谈既要真诚自然，又不能涉及他人隐私机密。

其次，适度地夸赞对方也是成功的秘诀。但太过明显的阿谀奉承是行不通的。至于对方的长相和身材，最好避免在第一次的约会时就称赞。如果你是男性，就称赞对方对发型、服装、装扮、气质与众不同，如果你是女性，就称赞对方的知识、技术或者是身上所使用的名牌打火机、领带等的品位不凡。

约会时应该避免的话题，是表现出对任何事的不平或不满情绪，以及说别人的坏话或批评别人。这些话题不仅会破坏约会时应有的欢乐气氛，同时也会令对方对你的品性感到怀疑。

（3）注意把握约会时间

赴约，首先要准时，既不要迟到，也不要到得太早。西欧的人，是特别准时的，有些朋友会在门口转来转去，等时间到了再按门铃。当今世界是竞争和讲究效率的时代。时间就是效率，时间就是金钱，时间就是信誉。现在人们的时间观念普遍比以前要强得多。守时，就是尽可能准时，不迟到，也不应很早就到。别人约你两点钟会面，你三点钟去固然失礼；你若一点钟去，别人还在忙自己的事，被你打断，也是失礼的。如果是一些鸡尾酒会或晚宴，你可以迟到一点，所谓"Fashionably late"——时髦的迟到。但如果是很少人的活动，你一定要准时到。"言必信，行必果"，是公关的一条原则。所以最好不要轻许诺言，而一旦许诺，除了不可抗拒的干扰外，就一定要实现诺言。

其次，约会时间应适可而止，既不要匆匆约会，也不要拖延不散，把握好约会时间非常重要。既是对对方的尊重，也可为双方带来便利。

（4）注意做到礼尚往来

在约会中对方带有礼品，那么有必要根据需要予以回赠，不便回赠的应向对方表示谢意。

5.一个好约会的构成

（1）能提前通知约会时间——最少在3天前，从而让对方有时间充分准备（做头发、找一套合适的衣服）。任何在两小时前请求约会的人，都很难让对方接受。

（2）能在制定计划时考虑一下对方的兴趣爱好。

（3）不要试着在最后一分钟去改变计划。

（4）约会的地方最好要富有新意和创造性，可以有双方都能接受的同伴。主要是由约会的对象、目的决定，有时一般场合也可以。

（5）穿着适当而不使其他人感到尴尬。

（6）当事情出错时，要有灵活的应变能力。如果对方感到不适或累了，不要不停地抱怨。

（7）在约会结束时要感谢别人，表示对他人的花费的感谢或赞扬所安排的计划或仅仅表示约会很令人愉快、高兴。

（8）在一个特别的约会后，写一封感谢的信也是必要的。让邀请人能够体会到你对这次约会的充分肯定。

邀请礼仪

在一般情况下，邀请有正式与非正式之分。正式的邀请，既要讲究礼仪，又要设法使被邀请者记住，因此，它多采用书面的形式；非正式的邀请，通常是以口头形式来表现的，相对而言，它要显得随便些。

1. 正式邀请

正式的邀请有请柬邀请、书信邀请、传真邀请、电报邀请、便条邀请等具体形式，它适用于正式的交往中，可统称为书面邀约。

在正式邀请的诸多形式中，档次最高、最为各界人士所常用的当属请柬邀请。凡精心安排、精心组织的大型活动与仪式，如宴会、舞会、纪念会、庆祝会、发布会、单位的开业仪式等，只有采用请柬邀请嘉宾，才会被人视之为与其档次相称。它一般由正文、封套两部分组成。无论是购买印刷好的成品，还是自行制作，在格式与行文上，都应遵守成规。请柬的形状、样式不同，大小也不等，邀请者可根据请柬的内容自行设计。

请柬的封面通常采用红色的，并标有"请柬"二字。请柬内侧，可以是红色，也可以是其他颜色，但民间忌讳用黄色与黑色，通常不可采用。在请柬上亲笔书写正文时，应采用钢笔或毛笔，并选用黑色或蓝色的墨水或墨汁。红色、紫色、绿色、黄色以及其他鲜艳的墨水，最好不要使用。

在请柬的行文里，通常必须包括：活动形式、活动内容、活动时间、活动地点、活动要求、联络方式以及邀请人等内容。中文请柬行文不用标点符号，所提到的人名、单位、节日名称都应用全称。

请柬信封上被邀请人的姓名、职务书写要准确。所举办活动如对服装有要求，应注明是正式服装还是便服。如已排好座次，应在请柬信封下角注明。

请柬一般提前1~2周发出，以便被邀请人及早安排。已经口头约好的活动，补送请柬时，在请柬右上方或下方写上备忘字样。需要安排座位的活动，请柬上一般写上"请答复"的字样；如果只需要不出席者答复，则可写上"因故不能出席者请答复"字样。

2.非正式邀请

非正式邀请也称作口头邀请，有当面邀请、托人邀请以及打电话邀请等不同形式。它多适用于非正式的接触之中，可称为口头邀约。

口头邀请的方式比较自然，常用于相互比较熟悉的亲朋好友。邀请可以在休息时间或平时的晚上，到被邀请者家中亲自邀请，以示郑重。也可打电话邀请，这种方式比较灵活，既可节省时间，又可马上知道对方的意见。

非正式邀请也要说明邀请的时间、地点和活动内容，真诚地邀请对方参加。

应邀与婉拒是接到邀请后做出的反应，都应讲究有关礼仪。除了面邀和电邀之外，对请柬邀请一般都应即刻回函或电话回复，表示自己很高兴应邀出席。如果因故不能接受邀请，一定要委婉拒绝。对邀请要及时答复，以免被邀方到时不能赴约而浪费主人的精力和财力。

回函，不管是接受函还是拒绝函，均须在接到书面邀约后3天之内回复，而且回复得越早越好。

另外，应邀应注意以下事项：

1.核定邀请范围（如是否携带夫人、孩子），留意服装要求。

2.准时赴约。到达现场后应主动与站在门口的主人或工作人员打招呼、握手，然后和其他宾客点头致意。对后来的客人，不管相识与否，都应该笑脸相迎、点头致意和握手寒暄。

3.入座前要看清自己的座次，不是主宾，不要坐到主宾席上。

4.如果应邀参加节日、生日庆贺活动，应准备鲜花等礼品；若应邀参加自费聚会，应带钱前往。

5.活动结束时，应向主人告别，并酌情与周围人告别。

拜访礼仪

人际关系中离不开拜访，拜访是联络感情、发展关系的一种必不可少的手段。无论是事务性拜访、礼节性拜访或是私人拜访，都应遵循一定的礼仪规范，从进门、落座、交谈、入席到告辞，都有一些约定俗成的做法。

1.事先预约，不要做不速之客

为了避免空跑和打扰他人，拜访时务必选好时机，事先约定，这是进行拜访活动的首要原则。一般而言，当你决定要去拜访某位友人，应写信或打电话，约定宾主双方都认为比较合适的会面地点和时间，并把访问的意图告诉对方。拜访他人的时间要恰当、适宜。深夜、大清早或用餐时间不能上门拜访；节假日多为休息时间，也不宜为公事拜访。如果拜访的对象为外宾，要注意他们一般晚睡晚起，上午10点与下午4点左右登门拜访比较适宜，其他时间最好不要贸然打扰。

预约时要注意说话的语气，应该是友好、请求、商量式的，而不是强求、命令式的。在社会交往中，未曾约定的拜会，属于失礼之举，是不受欢迎的。因紧急事宜或事先并无约定但又必须前往时，应尽量避免在深夜打扰对方；实在万不得已非在休息时间约见对方，则应在见到主人后立即致以歉意，说声"对不起，打扰了"，并说明打扰的原因。

2.准时赴约，不要做失约之客

一旦与对方约定了会面的具体时间，作为拜访者应履约守时如期而至。登门前要先按门铃或轻轻敲门。敲门要讲究敲门的艺术。要用食指敲门，力度适中，间隔有序，每次三下，等待回音。如无应声，可再稍加力度，再敲三下，如有应声，再侧身隐立于右门框一侧，待门开时再向前迈半步，与主人相对。按门铃时切忌按得太久，敲门不能用力或紧促，否则是不礼貌的。拜访他人，在一般情况下，既不要随意变动时间，也不要迟到或早到，以免打乱主人的安排。准时到达才是最为得体的。如因故迟到，应向主人道歉。如不能履约，应事先向主人诚恳而婉转地说明情况，以取得谅解。在对外交往中，更应该严格遵守时间，准时赴约是国际交往的基本要求。

如果接待者因故不能马上接待，可以在接待人员的安排下，在会客厅、会议室或在前台安静地等候。如果接待人员没有说"请随便参观"之类的话，而随便东张西望，甚至伸着脖子好奇地向房间里窥探，都是非常失礼的。有吸烟习惯的人，要注意观察周围有没有禁止吸烟的警示。即使没有，也要询问工作人员是否可以吸烟。如果等待时间过久，可以向有关人员说明，并另约时间，不要显现出不耐烦的样子。

3.彬彬有礼，不要做无礼之客

不论是到办公室还是寓所拜访他人，都应遵循"客随主便"的原则。如到主人寓所拜访，在进入主人寓所前，应轻轻叩门或按门铃，待有回音或有人开门相让时，方可进入。若是主人亲自开门相迎，见面后应主动热情地向其问好；若是主人夫妇同时开门相迎，则应先向女主人问候。若你不认识出来开门的人，则应问："请问，这是某某先生的家吗？"得到准确回答后方可进门。进门后，还要向在场的主人家属或其他客人打招呼，待主人安排或指定座位后再坐下；对端茶敬烟的主人要起身双手接过，并热情道谢。如果主人家中有老人，要主动与老人打招呼，不能对屋里的其他人视而不见。如拜访的是年长者，主人没有坐下来，自己也不能先坐下。

如果是商务性拜访，还要注意穿着端庄、整洁、规范。男士穿西装，女士穿套装。并应准备好名片。男士的名片可放在西装口袋中，也可放在名片夹中；女士则可将名片放在皮包中容易拿出的位置。最重要的是拜访客户前要对他的概况、特点有所了解，以免交谈时无话可说而陷入尴尬局面。

4.衣着得体，不要做失礼之客

在拜访他人时，一定要注意仪表整洁，衣着得体。必须站有站相、坐有坐相，要端庄大方，彬彬有礼。这既是对主人的尊重，也是自身文明教养的体现。到达主人门前，应主动在门垫上擦净鞋底。夏天拜访他人进屋后，再热也不要随便脱去衬衫和长裤；而冬天进入屋后，再冷也应摘下帽子，同时还应脱去大衣和围巾，并切忌说"冷"，以免引起主人的误解。

5.举止文明，不要做粗鲁之客

拜访他人，要注意举止的文明。进入主人屋内，主人不让座，客人不能随便坐下。如果主人是年长者或上级，主人不坐，自己不能先坐。主人让座之后，要致谢，然后采用规矩的礼仪坐姿坐下。主人递上烟茶要双手接过并表示谢意。主人献上果品，要等年长者或其他客人动手后，自己再取用。即使在最熟悉的朋友家里，也不要过于随便。不要随意翻动主人的书信和其他物品。主人未请，不要擅自进入卧室、书房，也不要在屋内乱翻东西，更不要在主人床上乱躺。与主人交谈，态度要诚恳，坐姿要文雅，谈吐要文明。切勿信口开河，出言无忌。与异性交谈时，要讲究分寸。对于主人家里遇到的其他客人要表示尊重，友好相待。不要在无意间冷落对方。不要对主人家的陈设评头论足，也不要谈论令主人扫兴之事。主人说话，不要随便打断或插话。

若遇到其他客人，既要以礼相待，也要一视同仁。切勿明显地表现出厚此薄彼，而本末倒置地将主人抛在一旁。即使和接待者的意见不一致，也不要争论不休。对接待者提供的帮助要适当地致以谢意。要注意观察接待者的举止表情，适可而止。当接待者有不耐烦或有为难的表现时，应转换话题或口气；当接待者有结束会见的表示时，应识趣地立即起身告辞。如果身患疾病，尤其是传染病患者，不应走亲访友，带病拜访是不受主人欢迎的。

6.适时告辞，不要做令人讨厌之客

拜访他人，要事先想好此次拜访的目的、准备谈些什么内容，以免浪费双方的时间和精力。一般情况下，如无要事商谈，逗留时间不要过长，以不超过30分钟为宜。在他人家中无谓地消磨时光是不礼貌的，也是令人讨厌的举动。如果主人执意挽留用餐，则饭后应停留一会儿再走，不要吃完就走。辞行要果断，不要告别了许久也不走。拜访结束，应向主人表示真挚的感谢。因为，你占用了别人的时间，如果不这样做的话，是很失礼的。

迎送礼仪

古人言：“有朋自远方来，不亦乐乎。”迎来送往，是社交活动中的两个重要环节。迎送工作包括：准备、迎客、待客、送客四个环节。

1.准备

无论是哪一种类型的来访者，接待者都要从思想上重视，做好必要的准备工作，注意飞机、车、船到达前的准备工作，如了解班次、时间，应提前备好交通工具和接站标牌，准时到达，切勿迟到早退。特别是接待外宾，更要准备充分，提前到达。如果客人需要留宿，主人应将房间事先清扫干净，物品放置整齐。打开门窗通风，保持空气清新。尽量使环境舒适。

此外，主人还应根据客人的性别、年龄、爱好、来访目的等准备一些糖果、烟酒以及个人所需要的书籍、资料等物品。对远道而来的客人，还要准备饭菜，预订旅馆、酒店，代订车、船、机票。

在迎接大批客人或不相识的客人时，要有接站的特定标志，如举着写有本单位名称的标牌，以便客人在远处就可辨别。否则，很容易错过要接的客人。

2.迎客

为了表示热情好客，主人应在客人来访前做好迎接的准备。对于上级、贵宾来访，应组织适当规模的欢迎仪式。迎接人员应在客人抵达之前到达机场、车站或码头，不能出现让客人等候的现象。如果由于气候条件等其他原因，客人不能按时抵达时，主人也应保证在客人抵达前到达迎接地点。接到客人后，应主动致以问候，表示欢迎。对远道而来的客人，可以说"一路辛苦了，欢迎您的到来"或者说"欢迎，欢迎"，"你好，见到你很高兴"等话语。如果客人手提重物，应主动帮助接提。在客人与主人相互见面介绍之后，一般由主人陪同客人乘车到达住地。

3.待客

在接到远方来客后，接待人员应及时将客人住宿的宾馆（招待所）名称、地址、电话等联系卡发到每位来宾的手中，以便让客人心中有数。途中，可以向客人介绍当地风俗、民情、气候、特产、物价等情况，并可询问客人在此是否有私人活动需要代为安排。迎接级别较高的客人，要事先在迎接地点安排贵宾休息室，客人抵达后，应稍作休息，再开展其他活动。如会见、会谈、宴请、文艺演出、体育表演、参观游览等。与客人分手时，要记得告诉客人下次见面的时间和联系方式。

如果接待的客人留宿在主人家，那么接客人进屋时，应主人在前，客人在后；进入客厅后，应请客人在上座就座。客人一旦落座，就不再劝其换位。来客如是亲朋挚友，可以不拘礼节，随便一些反而显得亲密无间；来客如是师长，则应注重礼节，不可轻率、随便。如客人不期而至，无论工作多忙，都应停止手中的工作，起身热情接待。如客人没打招呼，推门而入，也应立即起身表示欢迎，不能拒之门外。

一般来说，茶水、饮料放在客人的右前方，点心、糖果放在客人的左前方；上茶应从客人的左边上。从卫生角度讲，对客人不主动敬烟也不算失礼，若要敬烟，应将烟盒的上部朝向客人，用手指轻弹出几支香烟让客人自取；如为客人点烟，最好用打火机，打一次火只为一位客人点烟。与客人交谈，态度要诚恳热情，认真专注，不要频频看表，更不要显出厌倦或不耐烦的样子。万一主人有急事要办，应向客人说明并致歉。对于远道而来的客人，如有准备的话，可以真诚地请客人一起用餐。

4.送客

当客人要走时，应婉言相留，这是情谊的自然显示，并非俗套与多余。当客人起身告辞时，主人和在场的人应起身道别。主人送客，一般应送到门外或楼下，待客人伸出手来握别时，方可以相握，切不可在送客时先起身或先握手，免得有厌客之嫌。送客时，应走在客人的后面，目送客人远去时，可挥手致意，并应欢迎客人下次再来。

远客或年纪大的客人，如有需要(走路不方便、路不熟等)，则应送到车站、码头，待客人上车、上船并等车、船开动消失在视线以外后再返回；送客至机场，应待客人通过安全检查处之后再返回。和领导一起送客时，要比领导稍后一步。

客人拜访，常带有礼物，主人应表示谢意，如："让您破费了，真不好意思。"绝不可若无其事，显出理所当然或受之无愧的样子。一般情况下，应遵循"礼尚往来"的原则，赠送或交换纪念品、得体的送别用语及送别表现。

到车站、码头和机场送客，应在客人检票之前到达，有时则需要用自己的交通工具送行。在办公室或家中送客，要等客人站起来告别方可站起来相送，否则是不礼貌的。送客时也应遵守约定的时间，不可过早，否则会有逐客之嫌；更不可迟到，怠慢客人。特别是不要急于与对方寒暄，说"请走好"之类的话，而应说"再坐坐"之类的话语。客人离开前，主人应提醒他们检查带来的东西是否已带走，还有没有需要商谈、讨论的事。离别时，应邀请对方下次再来，表达留恋好友之意，并祝对方一路平安。

致谢礼仪

良好的人际关系表现为你来我往的沟通与交流，其中包含着交往双方彼此的付出和关怀，如时间的付出、空间的付出、行为的付出和金钱的付出，其中最重要的是情感的付出。你的牵挂、问候、关心和爱是所有付出中最有价值的部分。致谢礼仪是情感付出的一种表现形式，包括口头致谢和书面致谢，它传递了你内心深处的感激之情，也延续了你与他人的交往情感。因此，在家庭教育中给予孩子关于致谢礼仪的教育，可以培养孩子谦逊温和的性格，形成对别人尊重的态度，成为一个感恩的人。

一、口语表达的致谢礼仪

以口语的形式向他人表达你的感谢，可以及时向人传递你的情感，使对方感受你的真诚和善意，形成礼尚往来的持续交往。口头致谢包括当面致谢和电话致谢，其特点是你用真诚的话语亲自传达感谢，让对方听到你的声音，从中感受到你的关怀和真情。

1.当面致谢。在与人交往和亲属互访过程中，应及时表示高兴、接纳和感谢。当接受礼物时，应告诉对方"我喜欢您送给我的礼物，太可爱了！谢谢"；当对方夸奖和赞赏时，应告诉他们"多谢您的夸奖"；外出用餐和旅行过程中，应对服务人员所付出的服务与帮助及时表示口头感谢，以表达对他们劳动的尊重，如"谢谢你的帮助""麻烦你了"。在日常生活的每一个细节中，应学会用语言对朋友和同学的帮助表达感谢，对他人的礼让表达感谢，对老师的关怀表达感谢，对长辈的关心表达感谢，对父母的点滴付出表达感谢。

2.电话致谢。当别人为你付出了服务行为之后，你应通过电话来表达感谢。当外出旅行时接受了朋友或亲友的款待，回到家后应打电话表示感谢。"我已经安全到家了，谢谢你这几天对我的悉心照顾。"当在需要的时候接受了朋友的帮助，事情办好后应该打电话表示谢意。虽然人已经不在面前了，但你的真诚感谢会通过电话传递到对方耳中，留在他的心中。

二、书面表达的致谢礼仪

以书面的形式向他人表达感谢，可以使人感受你的郑重、在意和真诚。同时，书面致谢易于保存，可以常常使人想起你的真挚情感，不断延续你与朋友的友谊、与亲人的感情和与他人的良好关系。书面致谢礼仪包括书信往来、写感谢便条、寄送卡片、发送电子邮件等，把你的感激之情通过书面的形式写出来，让对方看到这些致谢就如同看到你一样，使你们之间的感情与关系也因此而延伸。

1.书信致谢。一般对固定的朋友和家人可以保持定期书信往来，半年或一年一次，把在这段时间里的重要事情作一个提纲性的描述，对过去对方给予的帮助表示感谢。可以用彩色纸和彩色笔来书写，使绚丽多姿的致谢信表达出真挚的情感。

2.感谢便条。在参加了一些小活动后，可以写简短的便条表示感谢，可以用方形纸、心形纸、圆形纸或不规则形状的纸，再配上彩色笔，表达出自己的高兴和感谢的心情。

3.卡片致谢。当受到热情接待后，应用经过精心挑选的卡片或自制的卡片，配上彩色笔写出感谢之言。

4.电子邮件致谢。可以给电脑爱好者写邮件致谢，书写的同时可以配上可爱的小插图，选择字体的颜色和形式，制作成字画合一的电子艺术品，当然也可以做成动画卡，这样的电子传情一定会为你的致谢增添色彩。

无论是口头致谢还是书面致谢，只要你真心表达你的感谢，那么这些致谢的语言、电话、信件、便条、卡片和邮件都会因你的真情而充满生命力。它们将成为对方的一个宝贵的记忆，有时也会成为对方生活中的一个鼓励和动力，因为真情和爱心是具有极大感染力的。

在表达致谢的时候，还有一些技巧需要注意：

1.关键在你的态度

致谢要真诚，发自内心。这就是说，任何人为你做了一些事，不管事情多么微不足道，也不管对方是你的家人、老师还是你的同学、朋友，你都要真诚地致谢，而不是敷衍了事地打发人家。一定要记住，表达你的感激不是什么表面文章，这种感激应当是发自内心的。

2.表达要自然

表达你的感激之情的时候，一定要使你的话清晰而自然，不要吞吞吐吐，含糊其辞，那样会给对方做作的感觉。你需要表达感激的时候，一定是别人做了对你有帮助的事，你是受益者，所以你的感情应当是充满快乐的。

3.直视对方

专家说，在互相注视的时候，交流通常比较容易进行。所以，表达你的感激之情时，最好是专注的注视着对方，这样你的话才显得是出于真心的，你的感情才显得真挚。

4.引用对方的名字

在感谢的时候，不要忘记对方的名字。"谢谢你"和"谢谢你，老王"的效果是完全不同的。尤其是你们并不是太熟悉的时候。

5.当面致谢时，要伴随着一定的体态语言

说谢谢时要伴随一定的体态语言，头部应轻松一些，目光应注视着你要感谢的人，而且应伴随着其真挚的微笑，这样致谢，在对方心里引起的反响会更强烈。总之，学会并习惯于向人致谢，将有助于创造一种良好的人际关系。

6.致谢是理所应当的

当得到了他人的帮助，为自己提供了方便，理应致谢。这意味着你认识到了别人为你提供的帮助。而忽略这一点就是失礼的行为。至少造成一种错觉，似乎你把别人的帮助看成是理所当然的，或者别人会猜想是否你对他的帮助感到不够满意。一句"谢谢"虽简单，但可给人以无限温暖和被理解的感觉。会说"谢谢"的人，会给人以受过良好教育的感觉。"谢谢"不离口的人，会在人际交往中获得益处。尤其注意的是，在自己的家里，爷爷、奶奶、爸爸、妈妈等长辈，以及哥哥、姐姐、弟弟、妹妹等，这些人为你付出了某种劳动、帮助或提供了某些方便时，也应该随即致谢，不要认为没有必要。讲礼仪、有礼貌会使家庭生活更加和谐。

倾听礼仪

人在社会交往中，不仅要学会交谈，还要学会倾听。倾听是一门艺术，是尊重别人的表现，是搞好人际关系的需要。

古希腊哲学家苏格拉底说："上天赐人以两目两耳，但只有一口，欲使其多闻多见而少言。"根据美国学者统计，一个人每天花费在接受信息的时间如下：书写占14%，阅读占17%，交谈占16%，倾听占53%。

外国有句谚语："用十秒钟的时间讲，用十分钟的时间听。"善于倾听，是说话成功的一个要诀。据美国俄亥俄州立大学一些学者的研究，成年人在一天时间里，有7%的时间用于交流思想。在这7%的时间里，有30%的时间用于讲，高达45%的时间用于听。这说明听在人们的交往中居于非常重要的地位。怎样才能掌握倾听的艺术呢？须注意以下几点：

1.专注有礼

当别人对你谈话时，应该正视对方以示专注倾听，听者可以通过直视的双眼、赞许地点头或手势，表示在认真的倾听，从而鼓励谈话者说下去。一个出色的听者，具有一种强大的感染力，他能使说话人感到自己说话的重要性。

2.有所反应

强调听人说话要专心静听，但并不是完全被动、静止地听，而是要不时地通过表情、手势、点头，向对方表示你在认真地倾听。若能适时插入一两句话，效果更好。如"你说得对""请继续说下去"等。这样便使对方感到你对他的谈话很感兴趣，因而会很高兴地将谈话继续下去。

3.有所收获

倾听是捕捉信息、处理信息、反馈信息的需要。一般来说，谈话是在传递信息，听别人谈话是接受信息。一个好的倾听者应当善于通过交谈捕捉信息。听者在聆听的空隙时间里，应思索、回味、分析对方的话，从中得到有效的信息。

4.察言观色

在人际交往中，很多人口中所道并非肺腑之言，他们往往把真实的想法隐藏起来，所以我们在听话时就需要注意琢磨对方话中的微妙感情，细细咀嚼品味，以便弄清其真正意图。

那么，为什么现实生活中懂得倾听的人比善于说话的人少呢？原因多半是当我们研究言谈技巧的时候，总是把重点放在说话上，而不是放在倾听上。事实上，倾听能够给我们带来许多益处。

1.倾听能获得重要的信息

通过倾听我们可以了解对方要传达的信息，同时感受到对方的感情，还可以推断对方的性格、目的和诚恳程度。耐心地倾听，可以减少对方自卫的意识，受到对方的认同，甚至产生同伴、知音的感觉，促进彼此的沟通与了解。倾听可以训练我们推己及人的心态，锻炼思考力、想象力和客观分析能力。

2.倾听能够掩盖自身的弱点

俗话说："沉默是金。""言多必失。"如果你对别人所谈问题一无所知或未曾考虑，那么保持沉默，静静地倾听别人说话，可以帮助我们掩盖这些尴尬的局面。

3.善听才能善言

我们通常会由于急于表达自己的观点，而根本无心倾听对方在说什么，甚至在对方还未说完的时候，心里早就在盘算自己下一步该如何反驳。其实，这是一种消极、抵触的情绪，不利于自己的发言和交谈，结局可想而知。

4.倾听能够激发对方的谈话欲

如果你专心地倾听，那么对方就会觉得自己的话是有价值的，从而激发他们说出更多更有用的信息。

5.倾听能够找到说服对方的关键

如果你的目的是为了说服对方，多听他的意见会更加有效。因为，通过倾听，你能从中发现他的出发点和弱点，发现他要坚持己见的原因，这就为你说服对方提供了契机。同时，你又向别人传递了一种信息，即你已经充分考虑了对方的需要和见解，这样，他们会更容易接受。

6.倾听可以使你获得友谊和信任

人们大多喜欢发表自己的意见，如果你愿意给他们一个机会，他们会立即觉得你和蔼可亲、值得信赖。自然，你就比较容易获得对方的友谊和信任。

打招呼礼仪

见面打招呼、问好是人们在交往中借助交谈互表友好和认定的一种方式。打招呼是人们见面时最简便、最直接的礼节，主要适用于在公共场所相见时，彼此向双方问好，致以敬意或表达关切之意的时候。

打招呼是联络感情的手段，沟通心灵的方式，增进友谊的纽带，所以，绝对不能轻视和小看。对自己周围的人，包括同事、亲人、邻里、同学、好友等，不论其身份、地位、年长、年幼、是男、是女，都应该一视同仁，只要见面就要打招呼，表示亲切、友好，这也是一个人内在修养程度高低的重要标志。

在欧美国家见面打招呼是很自然的，即使是不认识的人见面也会打招呼。打招呼的目的，并不是为了要跟你有进一步的交往，只是一种生活礼仪形式。其实不论任何人，面对有人微笑打招呼，都会受到感染，像是见到阳光，心情就会跟着好起来一样，很自然会打招呼回应。因此，在西方国家旅行的时候，如果迎面而来的人对我们说"HELLO"，别露出一副莫名其妙的表情，甚至置之不理，那可是非常失礼的。

1.打招呼的方式

打招呼的方式可以灵活机动，多种多样，有的可以问好、问安，有的可以祝福，有的可以握手，有的甚至可以拥抱，有的点头，有的挥手、招手，有的微笑，有的喊一声等。打招呼的时候，要根据当时的具体情况，表示出对他人的尊敬和重视，如在行走的过程中，打招呼时，或是停下脚步，或是放慢行走速度；如骑自行车的时候，或是下车，或是放慢行驶速度；在室内或非行进过程中，或是起立，或是欠身、点头都可以。但是，不论在什么地方、什么时候，打招呼都要面带微笑，眼睛看着对方，表示诚心诚意地向别人奉上一个见面礼，不是敷衍了事，客套一番而已。

2.打招呼的一般顺序

打招呼的一般顺序是男性先向女性致意，年轻的不管男女均应首先向年长者致意，下级应向上级致意。两对夫妇见面，女性先互相致意，然后男性分别向对方的妻子致意，最后男性互相致意。

在街上打招呼，三四步远是最好的距离，男子可欠身或点头，如果戴着帽子须摘去。与人打招呼时，忌叼着烟卷或把手插在衣袋里。女性在各种生活场景中，均应主动微笑，点头致意，以示亲和。对熟人不打招呼或别人向你打招呼不应答都是失礼的行为。

3.打招呼的用语

最简洁明了、通用性最广泛的打招呼用语是"您好"，这既是一个问候语，同时又有一种表示对他人祝福的含义。根据碰面的时间，互相道一声"早晨好""下午好""晚上好"，也是一种比较简单、实用的招呼用语。与西方人打招呼时要避免中式用语，如"你上哪儿去""你干什么去"等，在西方人看来，有涉人私事之嫌，是失礼的行为；更不应说"吃饭了吗"，否则会被误认为你想邀请他一起吃饭。

4.要认真回谢对方

别人向你打招呼时，要向别人认真、及时、热情地回谢。把"谢谢"二字说得恰到好处也很有学问，口与眼要紧密配合，嘴里说"谢谢"时，眼神一定要表现出是出于真心的，不是漫不经心地随便应付一句。否则，毫无表情，连看都不看一眼，就随便敷衍一句，别人立刻会感到你的虚伪，从而会从心底里感到反感和不快，甚至产生厌烦情绪，这样，回谢之意起到了相反的作用。人多的时候，要向大家致谢，或一一道谢，或一齐道谢，使每个人都感受到你的诚意。

5.要掌握适度原则

（1）与场合相符。选择打招呼的方式、语言要考虑环境、场合因素，生活场合、关系密切的人之间可以运用轻松、随意的打招呼方式和语言，而在工作、社交乃至国际交往中就应该选用较正式的打招呼方式和语言。

（2）与自己的身份相符。通常问候之后，人们会很自然地行见面礼，以示友好。这时你要注意依照自己的身份来选择是否施礼或使用哪一种礼节。

6.注意事项

打招呼要注意文雅，一般不要在打招呼的同时，向对方高声叫喊，以免妨碍他人。遇到对方向自己打招呼，应以同样的方式回应对方，毫无反应是失礼的。遇到身份较高者，不应立即起身向对方打招呼，而应在对方的应酬告一段落之后，再上前问候。在餐厅等场合，若男女双方不十分熟悉，一般男士不必起身走到女士跟前去打招呼，在自己座位上欠身致意即可。女士如果愿意，可以走到男士的桌前去打招呼，此时男士应起身协助女士就座。致意的动作不可马虎或满不在乎。必须认认真真，以充分显示对对方的尊重。

交谈礼仪

交谈是靠口头语言、体姿语言和聆听艺术构成的沟通方式。要使交谈能够充分地表情达意，增加言语传递的有效性，并给对方留下美好的印象，应遵循以下原则：

态度坦诚。欧洲有一句格言："出自肺腑的语言，才能触动别人的心弦。"人与人之间的思想交流和信息沟通，贵在一个"诚"字。与人交往，交的是心，而坦诚则是心与心之间最好的桥梁。

神情专注。交谈时，双方都应专注认真，正视对方，谈话中的语气、语态、神色、动作、表情都要专心致志，聚精会神，并适当使用一些表示认同的语气和体态语言以烘托、渲染交谈气氛，激发对方的谈话兴趣。交谈中切忌东张西望，似听非听，或翻阅书报，或处理与交谈无关的事务，这就表明没有深谈的愿望，对方就不会与你继续交谈下去。

谨慎多思。在交谈中，说话人必须顾及对方的情感和因自己的谈吐而激起的反应，有修养的人都不可能也不应该想怎么说就怎么说。俗话说："会说话的人想着说，不会说话的人抢着说。"只有在交谈中谦虚礼让，多听少讲，先听后讲，想好了再讲，这样才可以减少交谈中的失误，显得成熟稳重，切不可信口开河、言不及义，或满口粗话、胡乱议论，给人一种浅薄轻浮的印象。

互相尊重。交谈是双方思想、感情的交流，是双向活动。要取得满意的交谈效果，就必须顾及对方的心理需求。交谈中，来自对方的尊重是任何人都希望得到的。交谈双方无论地位高低、年纪大小、长辈晚辈，在人格上都是平等的。切不可盛气凌人、自以为是、唯我独尊。所以，谈话时，要把对方作为平等的交流对象，在心理上、用词上、语调上，体现出对对方的尊重。尽量使用礼貌用语，谈到自己时要谦虚，谈到对方时要尊重。恰当地运用敬语和谦语，可以显示个人的修养、风度和礼貌，有助于交谈的成功。

知人择词。人们的言语交际总是有对象的，"看人说话"，"有的放矢"，善于因人而异，才能获得良好的交谈效果。与人交谈，要注意以下四点：一是语速、音量因交谈者年龄而异。一般对老年人应用较慢的语速、较大的音量与之交谈，能使对方产生被人尊敬的喜悦感；而与年轻人和年幼客人交谈则宜轻言慢语，语调柔和，能使对方产生安全感、亲切感和信任感。二是遣词用句依交谈者的文化程度而定。交谈的内容，有的应讲究点风度、增加文采；有的则宜朴实通俗、贴近生活。三是谈话语气依来访者的不同目的而变化。对前来求助的友人，主人应以体谅对方的心情说话，语气平和，给对方一种亲切感、信任感；对于提供某种信息的友人，主人则应表达感激之情；与前来研究探讨问题的客人，则宜采用征询、商量的口气。四是交谈双方距离要依据双方的关系、性别而定。

大文豪肖伯纳曾经说过："倘若你有一个苹果，我也有一个苹果，而我们彼此交换这个苹果，那么，你和我自然各有一个苹果。但是倘若你有一种思想，我也有一种思想，而我们彼此交流这些思想，那么，我们每个人将各有两种思想。"交谈就是交流思想、传播和获取信息的一种好方法。但交谈不只是把自己心中的想法表达出来，还要考虑怎样谈才能使对方感兴趣，并根据对方的反应及时调整自己谈话的内容和方式，这就要讲究交谈技巧了。

1.善找话题。选择好的话题是深入交谈的基础，是纵情畅谈的开端。所谓的好话题，就是双方感兴趣，能激发双方谈话欲望的问题。

2.善用表情。黑格尔曾说过："同样一句话，从不同人嘴里说出来，具有不同的含义。"其实，同一句话，即使是从同一个人嘴里说出来，也可能因表情、语音、语调、语速不同，姿态、手势有异，而带有不同的含义，给人不同的感觉。所以，要达到友好的交谈效果，除了有令双方谈话和谐愉悦的话题以外，还要运用声调、表情、手势等有声有色地表现出谈话的情感色彩。

3.善转话题。善于交谈的人，能在适当时机用适当的语言转换话题。其目的就是把"跑题"的交谈转到主题上来。一般说来，格调不高的、乏味的、影响关系的话题就需要适时调节转换。但转换话题应注意自然过渡，不使对方生疑，因势利导地使交谈按照自己的想法进行。

谈话现场超过三人时，应不时地与在场的所有人攀谈几句。不要只与一两个人说话，不理会在场的其他人。也不要与个别人只谈两个人知道的事而冷落第三者。如所谈问题不便让旁人知道，则应另找场合。

谈话的内容一般不要涉及疾病、死亡等不愉快的事情，不谈一些荒诞离奇、耸人听闻、黄色淫秽的事情。一般不询问妇女的年龄、婚否，不径直询问对方履历、工资收入、家庭财产、衣饰价格等私人生活方面的问题。对方不愿回答的问题不要追问。对方反感的问题应表示歉意或立即转移话题。一般谈话不批评长辈及身份高的人员，不议论当事国的内政，不讥笑、讽刺他人，也不要随便议论宗教问题。

4.言之有物。交谈的双方都想通过交谈获得知识、拓宽视野、增长见识、提高水平。因此，交谈要有观点、有内容、有内涵、有思想，而空洞无物、废话连篇的交谈是不会受人欢迎的。没有材料和事实做依据，再动听的语言也是苍白乏味的。我们在交谈时，要明确地把话说出来，将所要传递的信息准确地输送到对方的大脑里，正确反映客观事实，恰当地揭示客观真理，贴切地表达思想感情。

5.言之有序。言之有序，就是根据讲话的主题和中心设计讲话的次序，安排讲话的层次，即交谈要有逻辑性、科学性。"使众理虽繁，而无倒置之乖；群言虽多，而无棼丝之乱。"（刘勰《文心雕龙》）有些人讲一段话没有中心，语言支离破碎，让人感觉杂乱无章、言不及义、不知所云。所以，交谈时，先讲什么，后讲什么，思路要清晰，内容要有条理，布局要合理。

6.言之有礼。交谈时要讲究礼节和礼貌。知礼会为你的交谈创造一个和谐、愉快的环境。讲话者，态度要谦逊，语气要友好，内容要适宜，语言要文明；听话者，要认真倾听，不要做其他事情。这样就会形成一个信任、亲切、友善的交谈气氛，为交谈获得成功奠定了基础。

谈话禁忌

俗话说："到什么山唱什么歌；见什么人说什么话。"孙武有句名言："知己知彼，百战不殆。"都可以作为我们与人谈话的指导原则。说话不看对象，不仅达不到谈话的目的，往往还会伤害对方。反之，了解对方的情况，即使发表一些大胆的言论，也不会对对方造成伤害，从而达到自己的目的。那么记住下面的禁忌，无疑会让你的人际交往更加顺畅。

1.出现争辩时，不要把对方逼上绝路。当要陷入顶撞式的争辩漩涡时，最好的办法是绕开它，不去争论。针锋相对，咄咄逼人的争辩只能屈人口，不能服人心，被你的雄辩逼迫得无话可说的人，肚子里常会生出满腹牢骚、一腔怨言，不要指望仅仅以口头之争，便可改变对方已有的思想和成见，你争强好斗，坚持争论到最后一句话，虽可获得表演胜利的自我满足感，但并不可能令对方产生好感，所以在交往中，必须坚持"求同存异"的原则，不要把自己的观点强加于人。

2.不要过于卖弄自己。夸口海、说大话、吹牛皮的人，常常是外强中干的，而且他们的目的只不过是为了引起大家对他的关注，以满足自己的虚荣心。朋友、同事相处，贵在讲信用，自己不能办到的事情，胡乱吹嘘，会给人华而不实的印象。卖弄自己，显示自己才华横溢、知识渊博，这也不利于交往。

3.不要喋喋不休发牢骚，向别人诉说自己的不幸。内心有烦恼、积怨、痛苦、委屈，虽需要找人诉说，但不能随便地在不太熟悉的人面前倾诉，一是对方可能没有多大兴趣；二是不了解你的实际情况，很难产生同情心；三是可能误解你本身有毛病、有缺点，所以才有这么多的麻烦，这样你的发泄很容易招致对方的厌倦。因此，要保持心理上的镇定，控制自己的情绪，力争同任何人的谈话都有实际意义。

4.在朋友痛苦无助的时候，不要谈自己得意的事情。"处在得意日，莫忘失意时。"如果朋友向你表露失落和痛苦，倾吐心腹事，本意是想得到同情和安慰，你若无意中把自己的自信、自得同朋友的倒霉、失意相对比，无形中会刺激对方的自尊心，他也许会认为你是在嘲笑他的无能，这样的误会很难消除，所以讲话的时候千万要慎重。

5.不要用训斥的口吻去说别人。朋友和同事间的关系是完全平等的，不能自以为是、居高临下、唯我独尊，盛气凌人的训斥会刺伤对方的自尊心，这种习惯将使你成为孤家寡人。人类有一种共性：没有谁喜欢接受别人的命令和训斥，千万不要自以为是。

6.不要随意触及别人的隐私。任何一个人在心灵深处都有隐私，都有一块不希望被人侵犯的领地，现代人极为强调隐私权，朋友或同事出于信任，把内心的秘密告诉你，这是你的荣幸，但是你若不能保守秘密，则会使他们伤心，甚至怨恨。隐私是人心灵深处最敏感、最易激怒、最易刺痛的角落，无论是在当面还是在背后都应回避这样的话题。

7.谈话时不要做一些不礼貌的动作。为尊重对方的谈话，首先要做的就是必须保持端庄的谈话姿态，抖腿、挖鼻孔、打哈欠等都是不礼貌的动作和行为，尤其不要一直牢牢地盯住别人的眼睛，否则会使对方觉得窘迫不安；也不要居高俯视，否则会给人以高高在上的感觉；更不要目光乱扫、东张西望，否则会使对方觉得你心不在焉或是另有所图。

8.不要只注重个人而冷落了他人。在和多人交往时，千万不要只关注一个人而冷落了其他人，最好是用一个话题唤起大家的兴趣，让每个人都发表自己的意见。

9.不要随便地打断别人的谈话。别人讲话时，话题突然被打断，会让对方产生不满或怀疑的心理，认为你不识时务、水平低、见识浅，或是认为你不尊重别人，没有修养。

10.不要谈对方不懂的话题。对方不懂，也没有兴趣的话题，最好不要谈论，否则对方会认为你是在卖弄，是有意使他难堪。

谨慎开口　言多必失

佛经上记载了这样一则故事：从前有一只乌龟，有一年碰上多年不遇的干旱，所居住的湖泊完全干涸了，自己也不能爬行到有食物的水草丰泽之地。当时有一群大雁居住在湖边，也准备迁往他方，乌龟就向他们苦苦哀求，要求把它带离此地。

一只大雁就用嘴叼着这只乌龟，往高空飞去。大雁经过一座城镇，乌龟忍不住向大雁问道："你这样不停地飞，到底要飞到何处？"

大雁听了，只好回答，刚一张口，叼在嘴里的乌龟就径直从高空落下，摔在地上，被人拾取，宰杀享用了。

乌龟多嘴多舌而致坠地身亡，恰好说明了一个道理：如果不谨慎开口，就会招致恶果。这则故事对人们日常交往、交际有其积极的、可取的一面。在我们的日常生活中，一个人的语言往往是他思想的反映，是他的全部精神修养、文化层次和审美情趣的最集中、最外在、最直观的表现。人们历来欣赏那种实事求是、言行一致的谦谦君子，而鄙弃那些满口大话、妖言惑众的小人。

中国民间有一句话："言多必失。"是说如果一个人总是滔滔不绝地讲话，说得多了，话里就自然而然地会暴露出许多问题。比如你对事物的态度、对事态发展的看法以及今后的打算等，会从谈话中流露出来，被你的对手所了解，从而制定出相应的策略来战胜你。而且，你的话多了，其中自然会涉及其他人。

由于所处的环境不同，人的心理感受不同，而同一句话由于地点不同、语气不同，所表达的情感也不尽相同，别人在传话的过程中也难免会加入他个人的主观理解，等到你谈的内容被谈话对象听到时，可能已经大相径庭，势必造成误解、隔阂，进而形成仇恨。

另外，人处在不同的状态下，讲话时心情不同，话的内容也会不同，心情愉快的时候，看事、看人也许比较符合自己的心思，故而赞誉之词可能较多；有时心情不愉快，讲起话来不免会愤世嫉俗，讲出许多过头的话，招来很多麻烦。

喜时之言多失言，怒时之言多失礼。古人很早就认识到"祸从口出"的道理，所以才指出，对于开口说话一定要持谨慎态度。

管不住自己嘴巴的人，不仅容易伤人，而且容易惹祸。慎言不是不说话，慎言是该说话时就说，不该说话时永远不要开口。当你劝告别人时，若不顾及别人的自尊心，那么再好的言语都是无济于事的。

探病礼仪

在社交当中，每个人都免不了要探望生病的朋友或同事，给他们带去安慰并祝他们早日康复。探望病人的方式得当，会给病人增添战胜疾病的信心和勇气。那么，如何探望病人才是正确得当的呢？

1.探望病人的基本礼仪

（1）遵守院规

探望病人的时间要视病人情况而定。如果是一般疾病，获知消息后就应该前去探访，以示关心；如果病人处于危险时期，或有传染性疾病，则可以过一段时间再去探访，或者向其家人表示问候，由其家属转达你的问候。如果是去医院探视，要遵守医院规定的探视时间。如果是去家里探视，则注意不要选择一大早、午休或晚上休息时间，以免影响病人的休息。一般选择下午和晚饭前后比较合适。探望病人时间不宜过长，如果与病人关系密切，可以根据对方的病情和请求稍微多待一会，但一定要注意避免让病人劳神。如果因故不能亲自前去探望，可委托别人转达问候，也可以写慰问信、送卡片。一般不宜采取打电话的方式，因为病人可能不方便接电话。

（2）注意防病

探望病人前，应当对病人所患的疾病和病情有所了解。如探望患传染病的病人，像伤寒、传染性肝炎、痢疾或流行性脑膜炎、流感、肺结核等传染病的病人时，要尽量避免接触病人的用具、衣服，更不要带小孩去医院。

（3）举止得当

由于人在患病期间都相当敏感，因此与病人谈话时，一般应先询问病人的身体状况及治疗效果。在病人讲述病情时，要认真倾听，不要心不在焉，左顾右盼。在谈话的内容上，针对患者的焦虑心态要多说一些轻松、宽慰的话，或释疑开导，或规劝安慰，以利于病人恢复平稳的心情。对于病势较重的病人，探望中要注意控制住自己的感情，尽量不要在病人面前流泪，以免加重病人的精神负担。不要向病人介绍道听途说的偏方、秘方，不推荐未经临床试验的药物。还要多说一些关心、鼓励的话，让病人感到愉快，淡化病痛带来的苦恼，以增强病人战胜疾病的勇气。如病人的病情需要保密时，不要和病人一起乱猜，若已知道病情应对病人保密，更不能对病人进行暗示。如果看到病床周围有瓶子、管子和固定架等医疗用品和器具，切莫大惊小怪；看到痰盂便桶、血迹脓水之类，不能躲躲闪闪或面露厌恶之感；看到病人消瘦憔悴、水肿黄疸之类的病症，也不要愁眉苦脸，而仍应像平常一样亲切问候或握手致意，该亲近则亲近，该谈笑则谈笑。在此时对病人表示亲昵，常能传达一种语言所不能表达的情感。

病人需要多休息，因此谈话和逗留的时间应较短，注意避免谈论可能刺激对方或有关忌讳的话题。告别时，一般应谢绝病人送行，并询问病人是否有事相托，还应祝病人早日恢复健康。

2.探望病人要慎选礼物

按照民间习俗，探望病人总要携带些礼物。但是，礼物的挑选要注意根据病人的病情，不可随随便便。选择探望病人的礼物，应更多地注重精神效应。如一本有趣的画册、一束香味淡雅的鲜花、一份可口的食品，都会给病人的生活带来乐趣，增强战胜疾病的信心。不过，送鲜花前，最好打听一下，该病人及病房是否允许送鲜花。

为了使您能更准确地选择探望病人的礼物，下面的知识对您或许有些帮助。

（1）探望高血压、冠心病、胆囊炎、肾炎和高烧病人，应该带含有维生素的清淡食品，如新鲜水果、水果罐头、果汁等。

（2）探望糖尿病人、水肿病人，可以带含蛋白质的食品，如奶制品、蛋类、肉松等。

（3）探望气管炎、肺气肿、肺结核等咳嗽、咳血的病人，可送有补养、润肺、止咳作用的核桃、蜂蜜、银耳等。

（4）探望妇科病、贫血等病人或孕妇、产妇，适合带营养、补血的食品，如红糖、鸡蛋、鲜虾、奶制品和豆制品等。

（5）探望肝炎、低血糖等病症的病人，可带白糖、蜂蜜、大枣等。

（6）探望胃肠道疾病的病人，适合带些易消化、无渣的藕粉、麦乳精、果汁等。

（7）探望肿瘤病人，适合送香菇、人参、水果等。

安慰礼仪

对许多人而言，目击别人的伤痛与不安，是件很痛苦的事，我们经常会采取某些行动快速解决它，或设法提供立即的解脱。有些人则为了避免说错话，宁愿选择什么都不说，而错失表达关心的时机。当别人需要支持或是自己需要求援时，却往往言不由衷或不着边际。该如何开启发自内心的深层对话，而不是仅止于绞尽脑汁的表面对话？

《Healing Conversation》作者南丝·格尔马丁，针对如何弥补人际沟通的鸿沟，适时、适度表达关心，提供了"疗效对话"的10项原则。所谓"疗效对话"，是指将心比心、设身处地的交谈，让求援者获得适度疏解，进而自然地达到"治疗的效果"。这十大原则是：

1.聆听

聆听不是保持沉默，而是仔细倾听对方说了什么，以及真正的含意。所谓的聆听，应该是用我们的眼、耳和心去听对方的声音，同时不急着立刻知道事情的前因后果。我们必须愿意把自己的"内在对话"暂抛在一边。所谓的"内在对话"，是指聆听的同时，在脑海中不自觉地进行的对话，包括动脑筋想着该说什么、如何响应对方的话，或盘算着接下来的话题。

2.停顿

在对话之间，有时说、有时听；我们还必须提醒自己，放慢不自觉产生的机械式反应，例如，想快速解决对方的不安，便直接跳到采取行动的阶段，说些或做些我们认为对对方有益的事。如果没有停顿，我们可能会在刹那间，说出稍后后悔的话。安慰的艺术，在于在适当的时机，说适当的话，以及不在一时冲动下，说出不该说的话。

3.当朋友不当英雄

帮助别人度过艰难的岁月，不等同于将他们从痛苦的处境中"拯救"出来。我们应该认同他们的痛苦，让他们去感受痛苦，不要试着快速驱散他们痛苦。我们仅试着提供让他们越过"恐惧之河"的桥梁。当朋友、家人陷于情绪或身体的痛苦之中时，支持他们的最基本方法是：允许对方哭泣。哭泣是人体尝试将情绪毒素排出体外的一种方式，而掉泪则是疗伤的一种过程。所以，请别急着拿面巾纸给对方。

4.给予安慰

给予安慰并不是告诉别人："你应该……"，或是"你不应该……"，人们有权利保有其真正的感觉。安慰是指不要对他们下判断，不要心想他们正在受苦、需要接受帮助；安慰是指给予他们空间去做自己并认同自己的感觉。我们不需要透过同意或反对他们的选择以及摆脱困境的方法来表示关心。

5.感同身受

当我们忙着试图帮助他人时，可能会忘记他们会察觉到我们内心的波动，尽管他们无法确知我们的想法。由于对他们的遭遇感同身受，我们不仅需要分担对方的痛苦，也需忍受自己内心的煎熬。不论面临的处境如何，善意的现身与安慰，即是给予对方的一份礼物。

6.长期守候

改变会带来许多混乱，没有人可以迅速整顿那样的混乱。人们需要时间去调适、检讨、改变和询问。在"疗效对话"中，我们学着接受以下事实：我们的家庭成员、同事或邻居，有时候仅需要我们当他们的"共鸣箱"，且能不厌其烦地供其反复使用。

7.勇敢地挺身而出

不论身处何种状况，对自己不知该说什么而感到困窘是无妨的；让我们想帮助的人知道我们的感觉也是无妨的。甚至可以老实地说："我不知道你的感觉，也不知道自己该说什么，但是我真的很关心你。"即使自己对这样的表达觉得很可笑，还是可以让对方知道你的心意。你或许可以选择用书写的方式，来表达感觉和想法。除了言语的表达之外，"疗效对话"尚有许多不同的形式。

8.提供实用资源

不需要帮助别人找到所有问题的答案，但可以尽力提供可用资源，如专家、朋友的朋友，来帮助他们找到答案。可以为对方打几通电话，联络人脉；也可以找相关的书籍给他们阅读；或是干脆提供一个躲避的空间，让他们得以平静地寻找自己的答案。

9.设身处地、主动帮忙

当我们问："有没有我可以帮忙的地方？"有时候有答案，有时候他们也不知道需要什么样的帮助。然而，人们有时会对自己真正的需要开不了口。设身处地去考虑别人可能需要的帮助，是有效助人的第一步。

10.善用同情心

即使我们遭遇过类似的事件，也无法百分之百了解别人的感受，但是我们可以善用同情心去关怀对方。切记需先耐心听完别人的故事，再考虑有没有必要分享自己的故事，以及分享的结果是否对对方有益。

道歉礼仪

掌握好道歉的学问，正确地使用道歉技巧，将使你的人生充满阳光。

1.了解自己错在哪里

考虑一下自己到底在哪里出了错，伤害到了他人。清楚地认识到错误并作有针对性的道歉，效果会更好。

2.敢于承担责任

有效的道歉不是一种为自己狡辩的伎俩，更不是要去骗取别人的宽恕，你必须要有责任感，勇于自责，勇于承认过失，才能够真心的道歉。

3.用清楚和正确的文字，而非煽动性的文字

通常，受伤害者要的，无非是你承认错误，并且表明以后不会再发生此类事件。因此，如用文字去道歉时，须注意过多情绪性的字眼，并没有帮助。道歉的重点在于发出清楚、直接、诚恳的道歉讯息。

4.思考道歉的角度

道歉可以用角色对角色，或个人对个人的方式进行，看哪种状况比较容易。举例来说，公司里两位主管在语言上起了冲突，如果一方仍然对对方心中有气，可以站在职位角色的立场向对方表达："我们都在一家公司工作，我应该要更了解我们之间的差异。我很抱歉以前讲话很粗鲁。"这么一来，即使对方仍然余怒未消，但对立气氛已经基本缓和。

5.直截了当地道歉

某件事做错了，某句话说错了，可以开诚布公地直接向对方道歉。可以用"对不起""我错了"等话向对方道歉，这种真诚、坦白的态度容易得到对方的谅解。

6.如果你觉得道歉的话说不出口，可以用别的方式来代替

一束鲜花可使前嫌冰释；把一件小礼物放在对方的餐桌上或枕边，可以表明悔意；大家不交谈，触摸也可传情达意，这就是所谓的"此时无声胜有声"。

7.道歉并非耻辱，而是真挚和诚恳的表现

大人物有时也需要道歉，丘吉尔起初对杜鲁门的印象很坏，但后来他告诉杜鲁门说以前低估了他，这是以赞誉的方式表示歉意。

8.请别人代你道歉

如果自己不便出面，可求助于第三者。可以将自己的歉意或者暗示给双方都熟悉的另一位朋友，请他为你向对方道歉。

9.夸大自己的过错

你越是夸大自己的过错，对方越不得不原谅你。

10.采取补偿的具体行动

给对方送点小礼物，请对方一起吃饭等都不失为好办法。具体行动更能表现出你的诚意。

11.赞美对方心怀宽大

大多数人受到赞美后，都会不自觉地按赞美的话去做。

12.及时道歉

假若你认为有人得罪了你，而对方没有致歉，那你应该冷静，不要闷闷不乐，更不要生气，也许对方正为如何向你道歉发愁呢。

13.你如果没有错，就不要为了息事宁人而认错

这种做法，对任何人都没好处。你要分清深感遗憾和必须道歉这两者的区别，有些事你可以表示遗憾，但不必道歉。

14.用书面道歉

有时光嘴上说对不起是不够的。写在纸上比嘴上说的更有分量。你可以给对方写一封道歉信或发个Email，表达由衷的歉意。这种不见面的交谈既可以达到道歉的目的，又可免去一些难堪的场面。

15.给对方发泄心中不快的机会

让对方骂你，将心中的怒气发泄出来，是挽回友谊的好办法。否则不满淤积在心中，数年不散，你与对方将永远难修旧好。

16.改正错误获得原谅

有些过失并不是通过向对方表达歉意就可以获得原谅的，在向对方表达歉意的同时，付诸改正过失的实际行动，往往是最真诚、最直接、最有说服力的。

馈赠礼仪

人们相互馈赠礼物，是人类社会生活中不可缺少的交往内容。中国人一向崇尚礼尚往来。《礼记·曲礼》说："礼尚往来，往而不来，非礼也，来而不往，亦非礼也。"17世纪西班牙著名礼仪专家伊丽莎白说过："礼品是人际交往的通行证。"

赠礼的由来源远流长。从我国古代"器以藏礼"到今天的借物传情，不同的物品被赋予"情"的含义，才成为"礼物"。"情"是礼物的精神内涵。礼物因传达了不同的情而显得独特。

随着社会生活的进化和演变，物能传达情感的观念被广大人民所接受和认同，从而使馈赠在内容和形式上，逐渐融会在五彩缤纷的社会交往中，并成为人们联络和沟通感情的最主要的方式之一。有一点需要注意，我们要把馈赠礼物、正常交往中的送礼与收买贿赂、腐蚀拉拢区别开。

一、馈赠原则

馈赠作为社交活动的重要手段之一，受到人们普遍肯定。得体的馈赠，恰似无声的使者，给交际活动锦上添花，给人们之间的感情和友谊注入新的活力。认真研究和把握馈赠的基本原则，是馈赠活动顺利进行的重要前提条件。

1.轻重原则——礼轻情意重

礼品有贵贱厚薄之分，有善恶雅俗之别。礼品的贵贱厚薄，往往是衡量交往人的诚意和情感浓烈程度的重要标志。然而礼品的贵贱与其价值并不总成正比。因为礼物是言情、寄意、表礼的，是人们情感的寄托物，人情无价而物有价，有价的物只能寓情于其身，而无法等同于情。

2.时机原则

就馈赠的时机而言，及时、适宜是最重要的。中国人很讲究"雨中送伞""雪中送炭"，即要注重送礼的时效性，因为只有在最需要时得到的才是最珍贵、最难忘的。

我国是一个节日较多的国家，在传统节日相互赠送相应的礼品，会使双方感情更为融洽。另外，在某些纪念日，以礼品相送也会起到很好的效果。

因此，要注意把握好馈赠的时机，包括时间的选择和机会的选择。一般说来，时间贵在及时，超前或滞后都达不到馈赠的目的。"门可罗雀"时和"门庭若市"时，人们对馈赠的感受会有天壤之别。所以，对于处境困难者的馈赠，其所表达的情感就更显真挚和高尚。

3.效用性原则

同一切物品一样，当礼以物的形式出现时，礼物本身也就具有了价值和实用价值。就礼品本身的实用价值而言，人们经济状况不同，文化程度不同，追求不同，对于礼品的实用性要求也就不同。

一般说来，物质生活水平的高低，决定了人们精神追求的不同，在物质生活较为贫寒时，人们多倾向选择实用性的礼品，如食品、水果、衣料、现金等；在生活水平较高时，人们则倾向于选择艺术欣赏价值较高、趣味性较强和具有思想性、纪念性的物品作为礼品。因此，应视受礼者的物质生活水平，有针对性地选择礼品。

4.投好避忌的原则

由于民族、生活习惯、生活经历、宗教信仰以及性格、爱好的不同，不同的人对同一礼品的态度是不同的，或喜爱或忌讳或厌恶，因此我们要把握住投其所好、避其禁忌的原则。

二、赠礼礼仪

要使交往对象愉快地接受馈赠，并不是件容易的事情。因为即便是你在馈赠原则指导之下选择了礼品，如果不讲究赠礼的艺术和礼仪，也很难使馈赠成为社会交往的手段，甚至会适得其反。那么，馈赠时应注意哪些艺术和礼仪呢？

1.注意礼品的包装

精美的包装不仅使礼品的外观更具艺术性和高雅的情调，并显现出赠礼人的文化和艺术品位，而且还可以使礼品产生和保持一种神秘感，既有利于交往，又能引起受礼人的兴趣、探究心理及好奇心理，从而令双方愉快。好的礼品若没有讲究的包装，不仅会使礼品逊色，使其内在价值大打折扣，使人产生"人参变萝卜"的缺憾感，而且还易使受礼人轻视礼品的内在价值，从而折损了由礼品所寄托的情谊。

2.注意赠礼的场合

赠礼场合的选择，是十分重要的。尤其那些出于酬谢、应酬或有特殊目的的馈赠，更应注意赠礼场合的选择。通常情况下，当众只给一群人中的某一个人赠礼是不合适的，因为那会使受礼人有受贿和受愚弄之感，而且会使没有受礼的人有受冷落和受轻视之感。

3.注意赠礼时的态度、动作和言语表达

只有那种平和友善的态度，和落落大方的动作并伴有礼节性的语言表达，才是令双方所能共同接受的。那种做贼式的悄悄将礼品置于桌下或房中某个角落的做法，不仅达不到馈赠的目的，甚至会适得其反。

4.注意赠礼的具体时间

一般说来，应在相见或道别时赠礼。

三、受礼礼仪

受礼者应在赞美和夸奖声中收下礼品，并表示感谢。一般应赞美礼品的精致、优雅或实用，夸奖赠礼者的周到和细致，并伴有感谢之辞。

双手接过礼品。视具体情况或拆看或只看外包装，还可伴有请赠礼人介绍礼品功能、特性、使用方法等的邀请，以示对礼品的喜爱。

只要不是贿赂性礼品，一般最好不要拒收，那会很驳赠礼人面子的。可以找机会回礼就是了。

四、礼品的选择

因人、因事、因地施礼，是社交礼仪的规范之一，对于礼品的选择，也应符合这一规范要求。

1.了解馈赠对象的有关情况。送礼的对象多种多样，由于各自的阅历、爱好不同，对物品的喜好也各不相同，因此在送礼前必须了解受礼者的年龄、性格特征、身份地位、民族习惯等情况，并针对不同对象的不同情况，选择不同的礼品，满足各自不同的需求。

2.明确送礼的目的。送礼前，要了解因何事送礼，以便选择合适的礼品取得良好的效果。不同的目的，选择的礼品是不一样的。

3.尊重禁忌。由于各国的历史、文化、风格习惯及宗教信仰方面的影响，不同国家、不同民族的人对同一礼品的态度是不同的。

五、商务活动中的馈赠礼仪

商务活动中的馈赠体现的是友好交往、相互关照的意愿，因此选择有纪念意义的物品为佳。可以选择公司的画册等印刷品，有地域差异的商务来往可以选择具有本地代表性的物品作为礼物相送，如苏绣、湘绣等带有浓郁地方特色的产品。

六、涉外馈赠礼仪

涉外馈赠可以选择突出民族性的礼品。在许多国家，一般都不讲究礼品的贵重与否，因此，不必为了礼物的轻重而担心，具有民族特色的东西是最好的礼品选择。我国的剪纸、筷子、风筝、二胡、书画、茶叶等，在外国人看来都具有非常独特的民族特点，非常适合作为礼物馈赠给外宾。

因为民族和文化的差异性，涉外馈赠更重要的是了解不可送的礼物。例如，药品和营养品是不可以送的，因为健康状况在他们看来是个人隐私；现金、有价证券、天然珠宝是不可以送的；带有广告和宣传性的物品也是不可以送的。

"礼尚往来"是我们中国人的传统美德。接受别人的馈赠后，除办丧事等特殊情况不宜立即还礼，一般都要尽快还礼，或等适当机会给予回赠。

各国过年送礼有何讲究

●德国送礼讲究包装

在德国送礼，对礼品是否适当、包装是否精美要格外注意，玫瑰是专送情人的，绝不可送给主人，德国人喜欢应邀郊游，但主人在出发前需要细致周到的安排。

●阿拉伯初次见面不送礼

在阿拉伯，初次见面时不送礼，否则会被视为行贿，阿拉伯有个习俗：用旧的物品和酒不能送人；特别不能送礼物给有商务往来的熟人的妻子。更不可询问他们的家居情况，去阿拉伯人家参观做客，千万不能盯住一件东西看个不停，那样阿拉伯主人一定要你收下这件东西。

●法国送花别捆扎

在法国送礼，一般选在重逢时。礼品选择应表示出对法国主人的智慧的赞美，应邀去法国人家用餐时，应送几枝不捆扎的鲜花。

●拉丁美洲不能送手帕、刀剪等礼品

拉丁美洲不能送刀剪，否则会被认为是友情的完结，手帕也不能作为礼品，因为它是和眼泪相联系的。拉丁美洲人喜欢美国生产的小型家用产品，比如厨房用具等。在拉美国家，征税很高的物品极受欢迎，最好不送奢侈品。

●日本人有送礼习惯

日本人讲究礼仪，有送礼的习俗。但一般送些对其本人没什么用途的物品，于是收礼人可以再转送。日本人喜欢中国的丝绸、名酒及中药，对一些名牌也很喜欢，但对狐獾图案的东西则比较反感，因为狐狸是贪婪的象征，獾则代表狡诈。

●英国人讨厌带有公司标记的礼品

英国人讲究外表，一般送礼都是花费不多的东西，如高级巧克力、名酒和鲜花也是英国人收礼的最爱之物，合适的送礼时机应是晚餐后或看完戏之后。对标有公司标记的礼品，英国人普遍不欣赏。公司若送礼，最好以老板的私人名义。

●美国人送礼当面打开

一般来说，美国人不随便送礼。有的在接到礼物时常常显得有些为难。如果他们凑巧没有东西回礼，就更是如此。但是逢到节日、生日、婚礼或探视病人时，送礼还是免不了的。

美国人最盛行在圣诞节互赠礼品。圣诞节时，天真烂漫的孩子们为收到各种新奇玩具而兴高采烈，以为这是圣诞老人送给他们的礼物。大人之间常送些书籍、文具、巧克力糖或盆景等。礼物多用花纸包好，再系上丝带。

此外，美国人认为单数是吉利的，不同于中国人讲究成双成对。美国人收到礼物，一定要马上打开，当着送礼人的面欣赏或品尝礼物，并立即向送礼者道谢。礼物包装讲究，外表富丽堂皇，里面却不一定是太贵重的东西。有时打开里三层外三层的精美包装，露出来的只是几颗巧克力糖而已。

●俄罗斯人忌讳别人送钱

俄罗斯人送礼和收礼都极有讲究。俄罗斯人忌讳别人送钱，认为送钱是一种对人格的侮辱。但他们很爱外国货，外国的糖果、烟酒、服饰都是很好的礼物。如果送花，要送单不送双，他们认为双数是不吉利的。

●荷兰人送礼忌送食品

在荷兰，人们大多习惯吃生冷食品，送礼忌送食品，且礼物要用纸制品包好。到荷兰人家里做客，切勿对女主人过于殷勤。在男女同上楼梯时，其礼节恰好与大多数国家的习俗相反：男士在前，女士在后。

谢绝礼仪

在人际交往中，我们总会遇到一些为难的事情。例如，有人邀你外出游玩，可你因有其他事情不能同往；有人送给你礼物，不好接受；父母出于疼爱，帮你做某些事情，但你不愿让父母代替你做等。面对种种难题，人们往往感到很棘手，因此不知道该如何开口谢绝、拒绝。怎样开口拒绝，才不会伤害对方呢？需要把握一个度，要特别注意礼貌、分寸，掌握一定的技巧，使自己能轻松愉快地说出"不"字，也能使对方高高兴兴地接受这个"不"字。

人们都不愿意自己的愿望遭到拒绝，对方一个断然的"不"字，有伤情面。所以，谢绝的语言要特别注意礼貌和分寸。

1.感谢对方的好意方式

如果对方发出游玩的邀请，或赠送礼物等，而你出于某种原因需要谢绝时，要称赞和感谢对方的热情友好，表示非常高兴接受这份感情。如"你对我非常关心。你这番心意我领了"，"谢谢你的好意"这样一来，对方即使被回绝，仍觉得你是个通情达理的人，因为你理解了他的美好用意。

2.诚恳的致歉方式

"对不起，让您失望了"，"很抱歉，我实在不能……"，"请您原谅……"这些话绝不是可有可无的。没有它，将使你显得高傲和不近人情。因而，为不能满足对方的愿望而致歉是非常必要的。

3.寻找恰当的借口和方式

提出借口来谢绝对方并不是不礼貌。事实上，借口是生活中必不可少的。在许多情况下，要拒绝对方的某一要求而又不便说明理由，不妨寻找恰当的借口或托词，以正当的、不至于被对方责怪的理由来回避对方的要求。

4.推脱方式

对不喜欢又不想扫对方的兴致的问话，如有人在背后议论别人闲话，你不想苟同就不要参与辩论，只需表现已接收到信息，但对信息不加评论就行了。还可以借助一些形态语言加以婉拒。如不表态，一笑置之。也可以用拖延的方法表示拒绝。如遇到难缠的人，可以理直气壮地推脱，直到对方死心。但要注意态度要不温不火。

5.转移方式

即当别人提出的无理的要求或问题你要拒绝时，在说"不"之前，务必让对方了解自己拒绝的苦衷，态度要诚恳，语言要温和。把他引向另一方，巧妙运用转移的方式进行拒绝。

6.留有余地方式

从人际关系角度考虑，拒绝要尽可能把理由讲充分。从接受者心理接受能力考虑，要给对方留出足够的思想准备空间。这样在适当时拒绝对方，还能让对方感到你至少已做了努力。把不得不拒绝的理由以诚恳的态度加以说明，直到对方了解你是爱莫能助，这是最成功的拒绝。但避免模棱两可的回答。如我再考虑考虑等，这种讲法对于讲话的人或许认为这是表示拒绝，可是有所求的一方却认为对方真的替他想办法，这样一来，反而耽误了对方，所以切莫使用语言含糊的字眼。

7.婉转拒绝方式

对上司或主管交办的工作，出于责任心需要反对或拒绝，那么，既要坚持主见，又要顾及上司的面子，该选择什么样的拒绝方式呢？这时，可以选择上司意见中某一方面被你认同的地方加以肯定，尔后提出相反意见，即先通过恭维打消上司的意见被拒绝的不悦，让其不失体面。然后提出自己的观点，通过举例说明，让上司意识到你的观点比他的观点更切实可行。不要因为看到上司脸色不好就改变自己的观点，附和上司。这样非但解决不了问题，还会暴露出自己胆怯、无主见的平庸一面。

8.外交辞令方式

生活中当我们暂时无法确定"是与不是"时，"无可奉告"，"天知道"，"这个，我也不懂"，"难说"等外交辞令都可以借用。

此外，还应该掌握拒绝的礼仪技巧。无论是人际交往，还是公共场合的交往，由于主客观条件的限制，事实上我们都不可能有求必应。实际上，拒绝别人的思想观点和行为表现的时候总是多于承诺、应允的机会。没有允诺或没有拒绝的交往同样是不可想象的。

座次礼仪

一、关于会议主席台座次的安排

1.主席台必须排座次、放名签，以便领导同志对号入座，避免上台之后互相谦让。

2.主席台座次排列，领导为单数时，主要领导居中，2号领导在1号领导左手位置，3号领导在1号领导右手位置；领导为偶数时，1、2号领导同时居中，2号领导依然在1号领导左手位置，3号领导依然在1号领导右手位置。

3.几个领导同时上主席台，通常按机关排列次序排列。可灵活掌握，不生搬硬套。如对一些德高望重的老同志，也可适当往前排，而对一些较年轻的领导同志，可适当往后安排。另外，对邀请的上级单位或兄弟单位的来宾，也不一定非得按职务高低来排，通常掌握的原则是：上级单位或同级单位的来宾，其实际职务略低于主人一方领导的，可安排在主席台适当位置就座。这样，既体现出对客人的尊重，又使主客都感到较为得体。

4.对上主席台的领导同志能否届时出席会议，在开会前务必逐一落实。领导同志到达会场后，要安排在休息室稍候，再逐一核实，并告之上台后所坐方位。如主席台人数很多，还应准备座位图。如有临时变化，应及时调整座次、名签，防止主席台上出现名签差错或领导空缺。还要注意认真填写名签，谨防错别字出现。

二、关于宴席座次的安排

商务宴请有中式宴请和西式宴请之分。

中式宴请座次安排需要我们关注的首先是面门居中者为上，坐在房间正门中央位置的人一般是主人，称为主位；对面背对门的是第二主人。主人右侧的位置是第一主宾位，左侧是第二主宾位，第二主人右侧是第三主宾，左侧是第四主宾。还有一种也比较常见，主人右侧的位置是第一主宾位，左侧是第三主宾位，第二主人右侧是第二主宾，左侧是第四主宾。这种主要是强调一对一的照顾。

在我国很多城市还有一种座次安排也比较常见，即坐在房间正门中央位置的人是主人，对面背对门的是第二主人。主人右侧的位置是第一主宾位，左侧是第二主宾位，以此类推。

宾主双方其他赴宴者有时候不必交叉安排，客人一方坐在主人的右侧，陪同人坐在主人的左侧。也就是主左宾右，这样，一目了然，介绍起来、认识起来都非常方便。

西式宴请多采用长方形桌，座次安排依照国际惯例：以主人为基准，地位排列为：右高左低，近高远低。在正规西式宴请中，一般要求男女人数相等，并男女穿插而坐，因此，只要接受了主人的邀请一般要按时赴约，如确实有事不能赴约，要尽量提前告知主人。

三、仪式的座次安排

签字双方主人在左边，客人在主人的右边。双方其他人数一般对等，按主客左右排列。

四、商务谈判的座次安排

商务场合中的座次多数是按照国际惯例来安排的，基本原则是：右高左低，前高后低，中间高于两侧。如果考虑距离门的位置，还应遵循远高近低的原则。意思是离门远的位置为上座。我们经常碰到的商务场合有商务会谈、商务谈判、商务宴请等。

商务会谈常采用相对式、并列式、自由式等方法来安排座次。

相对式：基本要求远为上，离门远的为地位高者；进门的右手位为上座，通常安排客方。

并列式：主要宾主并列而坐，如果双方都面对正门，具体要求是以右为上。即客人坐在主人的右边。其他随员各坐两旁，以右为上是一种国际惯例。

自由式：遇到客人较多，座次无法排列时，通常是客人愿意坐哪儿就坐哪儿。或者大家都是亲朋好友，没有必要排列座次。

商务谈判多为双边谈判。双边谈判时，宾主分列长桌或椭圆形桌的两侧，如果横放，则面对正门的一方为上，应属于客方；背对正门的一方为下，应属于主方；如果竖放（顺着门的方向），应以进门方向为准，右侧为上，属于客方；左侧为下，属于主方。主谈人员应在自己一方居中而坐。其他人员按照右高左低的原则，自近而远分坐。国际惯例与政务礼仪会议座次相悖。如果双方各带翻译，应就坐于主谈人员之右。

五、关于乘车的座次安排

小轿车1号座位在司机的右后边，2号座位在司机的正后边，3号座位在司机的旁边。（如果后排乘坐三人，则3号座位在后排的中间）。中轿主座在司机后边的第一排，1号座位在临窗的位置。

六、合影座次安排

很多会议结束后，与会者需要合影留念。合影排位应考虑的问题也比较多，比如要考虑方便拍摄，还要兼顾场地大小、人数多少、身材高矮、内宾外宾等因素。合影时，通常情况下，可以全体站立；也可以安排前排人员就座，后排人员阶梯站立。政务会议通常不安排与会人员蹲着参加合影。此外，国内合影和涉外合影的位次排列有别。国内合影排位的原则为：前排高于后排，中间高于两侧，右方高于左方。还要注意主方人员居右，客方人员居左。涉外合影排位的国际惯例为：主人在中间，主宾在主人的右侧，双方人员主左宾右依次排开。

如何回敬无礼

面对无礼的冲撞、冒犯和蓄意的攻击，予以针锋相对、以牙还牙是最痛快的了。有一次，英国著名戏剧家萧伯纳寄给丘吉尔两张戏票，并附了一张纸条："来看我的戏吧，带上一个朋友，如果您有一个朋友的话。"丘吉尔回复："我很忙，不能去看首场演出，请给我第二场的票，如果您的戏会演第二场的话。"丘吉尔好像总是受到来自各方的恶言攻击，在一次议会上，一位女议员恶狠狠地对他说："如果我是你的妻子，就在你咖啡里放上毒药。"丘吉尔马上说："如果我是你丈夫，我就马上把它喝下去。"丘吉尔对萧伯纳和女议员的回敬采取的是同一种办法，即循着对方的思路，原物奉还，可谓以毒攻毒。诗人北岛在某次报告会上也是用这种方式回敬了一位无礼者。一张提问的纸条上写着："为什么你总是用一些令人作呕的话来回答我们的问题？"他回答道："这是因为有令人作呕的纸条来提问。"

回敬无礼的另一种办法是以静制动，以礼对辱。一群激进分子在某政府前作抨击时弊的演讲，激昂之处，发誓要把宫殿烧光。这时走出一位官员来维持秩序，对人群大声喊道："请散开吧，要烧宫殿的请到左边来，要烧议员的请往右边靠。"平平静静的两句话说得大家一片大笑，刚刚还剑拔弩张的紧张气氛全无。有时，对于别人的恶语中伤、故意挑衅，若想不出什么妙语还击，不妨彬彬有礼地任其发泄。

更多时候，突如其来的无礼与冲撞纯粹是出自误会或唐突，这虽然同样容易受到伤害，感到难堪，但却不宜以敌意待之。可以装作没听见，答非所问，或者轻轻点破其错误与弱点所在，来避免正面冲突和矛盾的进一步激化，使刚刚点起的怨恨之火熄灭。比如听说自己刚做了一笔大生意，眼红的人不无醋意："怎么样？发大财了吧？"则可以顺势接住话头说："你也找找机会，下次咱们合作怎么样。"一语道破他心里的真实念头——嫉妒，同时也表达了自己的友好与理解。稍微识趣一点的人无论如何也不会再在这个问题上心怀恶意了。

网络文明礼仪

在提高传递信息效率的同时，网络文明和网络安全问题也备受人们关注。互联网大大提高了传递信息和搜索信息的效率，已成为信息社会的基本工具。与此同时，网络文明和网络安全问题也越来越多地受到人们的关注。网络礼仪主要指网络道德。就具体内容而言范围较广，包括尊重他人；不透露他人隐私；杜绝网上犯罪；使用礼貌用语；文字表述要简洁准确；不滥用权利；保障信息传输畅通等。

网络礼仪的基本规则如下：

1.公私分明

如果因公上网，必须明确自己上网的目的，做到公私分明，也就是说不利用工作之便为个人私利服务。例如，占用公家电脑和上网时间收发私人信件、玩网络游戏或聊天、约会、购物等。

2.控制时间

指人们利用网络进行联系沟通时，要把握适度原则。如不要在上班最忙碌的时间或者网络最繁忙的高峰时间长期占用网线，以免影响其他人上网浏览或引起网络堵塞。可以适当地错开高峰上网时段。

3.确保安全

（1）严守机密

一些人因工作需要，往往掌握着单位的一些重要秘密。为此，从网络的安全和单位利益的角度看，切记不可将自己所掌握的秘密当作可炫耀的资本加以传播或泄密，给国家或单位造成严重的损失。平时必须对自己电脑中存有的秘密内容或重要资料予以妥善保管或采取严格的加密措施。

（2）防范黑客

"黑客"是指采用高超的计算机知识和网络操作技术侵入重要机构网络服务器的人，"黑客"或侵入他人电脑偷窥机密，或擅改程序造成网络混乱，或盗用密码借机牟利，进行高科技犯罪。所以从网络安全角度出发，应该给自己的电脑装配防火墙或经常进行定期杀毒扫描，以保证网络使用的安全。

4.文明交流

网络虽为虚拟世界，但网上与人交流，应和平时其他交流一样，遵守礼仪规范和文明，而且网络交流更需要网民的自律。具体而言，应该做到以下几方面：

（1）使用文明用语

网络交流有很多方式，如BBS、聊天室、博客、QQ、电子公告板、灌水区发帖等，但不管使用何种方式，都必须注意文明交流。例如，与他人争论或持不同观点时，不使用攻击、侮辱性的语言骂人、讽刺、诋毁他人或进行人身攻击，是要以理服人；交流时不用放大的字，这如同对人大吼大叫；可利用一些网络特有的语言符号系统，生动有趣地表达自己的情感，以增情趣。

（2）尊重交往对象

具体表现为不随意、频繁更换网名，上网聊天时如见到众多熟人，见面或离线均应打招呼。要尊重他人的隐私。电子邮件或私聊的记录应该是隐私的一部分，不得随意发布。如果认识某人以笔名上网，在论坛上未经他人同意将其真名公开都是不尊重他人的行为。

尊重交往对象还包括不滥用权利，待人宽容。如一些网络管理员或版主比其他用户有更多权利，应当珍惜使用这些权利，不得随意"踢人"或封杀等。

（3）不随意传播

例如，不得以单位的名义任意发布、发表对时事、新闻的看法。不发布假消息或泄露国家、单位的商业机密。不得在网上从事不法生意，不任意链接不良网站的内容并传播。不制造、不传播网络病毒。如果不小心看到别人电脑中的电子邮件或秘密，不得到处传播。

（4）诚实守信

例如，玩网络游戏时，不得以各种方式作弊；在浏览资料、转载、复制拥有版权的文字、图片、影像资料时，需征得版权人的同意。网上购物要守信用等。

（5）遵守个人道德规范

如做到网上网下行为一致。不随意进行网络约会，不链接、浏览不良的黄色网站内容。

除了上述与其身份相应的规则外，我们在使用网络时，还必须遵守国家制定的一系列有关网络的法律和法规。

与朋友相处的礼仪

1.童年玩伴如何相处

童年玩耍的伙伴通常都会给我们带来美好的童年记忆。成年之后再度相交，应当注意两点：首先，必须肯定这一段美好的记忆。其次，牢记世事无常，分别多年的朋友，由于人生轨迹的差异，必然在观念、行为、能力、见识、经验等诸多方面有明显的差异。因此要重新了解对方，不要因为童年的美好记忆干扰自己。最好的方式就是只谈友谊，不谈其他。事实上，这种策略对双方都有利，至少不会干扰双方各自的正常生活。

2.同窗好友如何相处

人生的定位是随着个人的能力、资历不断变化的。同窗好友在学校由学习成绩、活动能力排定位次；毕业之后，则依靠个人能力、社会地位，甚至金钱多少等因素重新定位。

同窗好友相处首先应当肯定曾经的美好时光；其次，必须适应毕业之后的新变化。以前在学校表现好，受欢迎的人，应当记住那仅仅是过去，人生是不断发展的。同学应当保持必要的联系，尤其是大学的同学，因为多在同一领域发展，往往可以相互帮助，并可能提供人生最关键的发展机会。

3.异性朋友如何相处

异性朋友如何相处，已经有很多的讨论。很多人认为，异性朋友之间有点精神恋爱的意思在里面。一般的异性朋友不要太亲密，以免引起不必要的误会。如果是红颜知己，最好就成为异性知己，不要进一步发展，因为精神情感总是最高尚的。相互之间能够给予更多的帮助。

4.与老板朋友如何相处

与老板级的朋友相处，一个基本的秘诀就是"只做朋友，不做员工"。做朋友，双方的地位是平等的，是有距离的，是相互欣赏的，这种朋友关系对双方都有好处。但是，一旦成为对方的员工之后，一切都变了，很难要求老板既以朋友的原则对待你，又以员工的标准要求你。所以不要轻易加盟老板朋友的企业。

5.与有实力的朋友如何相处

如果你有一个足够有实力的朋友，一定要牢记一个原则，不要轻易动用这种资源，一定要花在刀刃上。这种朋友通常是童年好友或者同学，共同度过的美好时光是您的投资。这种感觉对于身居高位的人更加重要，因为他现在很难获得这样的感受，成就感会使他愿意帮助自己的老朋友。但是只有在关键的时刻，才应当动用这种关系。

6.与不及自己的朋友如何相处

首先应当尊重对方，既然是朋友，双方在特定的时期就有相同的境遇，并有美好的感受。其次，在力所能及的情况下，应当拉朋友一把。

7.朋友提出为难要求如何处理

朋友向自己提出为难的要求，应当具体问题具体分析，妥善处理。首先应当明确，自己是否有能力解决这个问题。如果不能解决，应当及时、详细地向朋友解释，不是自己不帮忙，而是自己确实无能为力。这样对双方都有利，对于自己，也算是对朋友有了一个交代；对于朋友，也明白此路不通，应当再想新的办法。如果自己有能力解决这个问题，只是要花费自己并不愿意付出的代价，这个时候，必须作出评估和决策。

8.如何断绝不合适的朋友关系

交错朋友往往会给自己带来巨大的麻烦。因此应当及时断绝不合适的朋友关系。牢记一点，断绝关系必须要有技巧，最好不要造成直接和正面的冲突。其实，只要自动消失就可以了，让一个人找不到自己并不是什么困难的事情。

●关于与朋友相处的小故事

从前，有一个脾气很坏的男孩。他的爸爸给了他一袋钉子，告诉他，每次发脾气或者与别人吵架的时候，就在院子的篱笆上钉上一根。第一天，男孩钉了37根钉子。后面的几天他学会了控制自己的脾气，每天钉的钉子也逐渐减少了。他发现，控制自己的脾气，实际上比钉钉子要容易得多。终于有一天，他一根钉子都没有钉，他高兴地把这件事告诉了爸爸，爸爸说："从今以后，如果你一天没有发脾气，就可以在这天拔掉一根钉子。"日子一天一天过去，最后，钉子全被拔光了。爸爸带他来到篱笆边上，对他说："儿子，你做得很好，可是看看篱笆上的钉子洞，这些洞永远也不可能恢复了。就像你和一个人吵架，说了些难听的话，你就在他心里留下了一个伤口，像这个钉子洞一样。"插一把刀子在一个人的身体里，再拔出来，伤口就难以愈合了。无论你怎么道歉，伤口总是在那儿。要知道，身体上的伤口和心灵上的伤口一样都难以恢复。你的朋友是你宝贵的财产，他们让你开怀，让你更勇敢。他们总是随时倾听你的忧伤。你需要他们的时候，他们会支持你，向你敞开心扉。

对待残疾人的礼仪

残疾人是社会生活中一个特殊而困难的群体。由于我国人口基数很大，所以，残疾人的数量不可小视。与正常人相比，残疾人在学习、求职、工作和日常生活中都会遇到更多、更大的困难，因此，他们在人际交往中更需要别人的关心、帮助、照顾和鼓励。

由于残疾人这个特殊群体的情况很复杂，残疾部位不同，形成的原因不同，每个人的经历也不同，所以，有不少人在长期的实践中经过艰苦的磨炼，锻炼了他们的意志，培养了超过常人的心理承受能力，增强了信心和勇气，造就了吃苦耐劳、奋斗不息的品格，为社会做出了贡献，像我国的张海迪和美国的海伦·凯勒等就是突出的代表，她们是国内外知名人物，也是我们正常人学习的榜样。但是，就大多数人来说，或者就一般情况而言，由于身体的残疾，而造成了他们的心理状态与一般正常人是不同的，如自卑感强、性格内向等，有的残疾人还胆怯、害羞，害怕与人交往，甚至形成了孤僻的性格特征。因此，对待残疾人要根据他们的心理特征和具体情况，在很多地方要有不同于对待正常人的礼仪要求。

1.在称呼上一定要做到尊重、亲切。年龄小些的，就称呼小王、小李等；年龄大些的，就根据本人的具体情况，可以称呼李师傅、张大伯、王大妈等；年龄和自己差不多的，就称呼赵同志、宋女士、刘大姐等。在称呼的口气、语调上要亲切、亲近。千万不能为他们起绰号，就是很熟悉的人，最好也不要这样，即使是开玩笑，在对他们的称呼上也要十分注意。

2.要尊重残疾人的人格。对残疾人来说，最重要的是对他们人格的尊重。应当说，他们在生理上虽然有这样或那样的缺陷，但在人格上应该与正常人是平等的。在选举、集会、集体活动以及一般的福利待遇上，都应一律平等，不应有任何的歧视。提高他们的自信心，提高他们的自立能力，这也是尊重残疾人的一个方面。

3.和残疾人相遇时目光很重要，必须要做到以下两点：一是要用正常的目光看待，千万不要一看见残疾人就显示出奇怪的样子或好奇的样子来；二是不能把目光停留在他们的残疾部位。如果事先不知道，看见后就要快速的把目光移开；如果事先知道，就根本不要看其残疾的部位。有的人见到陌生人以后，习惯于上下打量一番，这对健全人来说关系并不大，但是绝对不能这样对待残疾人，因为他们就是由于身体的残疾而感到自悲，如果有人仔细上下打量，就等于往他们的伤口上撒盐，伤害了他们的心灵。

4.对待残疾人的语言要文明。和残疾人谈话，要特别注意回避与其生理缺陷有关的词语和内容。残疾人对这些语词特别敏感，我们必须谨慎使用相关语词。如果要谈及残疾人的事情时，就多谈些残疾人的事业、奋斗精神，社会的助残活动、个人的助残行为等。一般情况下，不要涉及残疾人的事情，就像和正常人交往一样，谈话内容可以广泛一些，可根据谈话对象的爱好，如天文、地理、历史、经济、政治、文化、新闻、趣事等都可以，使其感到人们并没有对他们另眼看待。

5.要为残疾人提供帮助和方便。生理和肢体上正常的人，应尽力为残疾人提供种种帮助和方便，以提高他们的生活质量。在道路上铺设盲道，在社区的出入口架设便于残疾车出入的斜道。在公共厕所设置残疾人专用便位，在公交车辆、机场开设残疾人专用通道，这些都为残疾人提供了帮助和方便，也表现了社会对这一特殊群体的礼仪和关爱。作为社会的一分子，也应关爱残疾人。比如扶持行动有困难的残疾人出行；看到盲人穿马路时应帮他们一把；在公共汽车上见到残疾人上车应主动让座等，这些都要形成一种风气，使他们切实地感受到人世间的温暖。

6.帮助残疾人时要特别注意方式方法。在帮助他们之前，一定要征得他们的同意后再进行具体的帮助。例如，遇到盲人正要横穿马路时，就应该恭恭敬敬地走到他旁边，说明自己的身份，然后再问"让我扶你过马路好吗"，如果他同意了就帮助他穿过马路。因为残疾人很好强，他们不喜欢甚至反感别人对他们的怜悯，如果不征得他们的同意，一上去就帮忙，可能会被他们拒绝，或者说些不好听的话，反而会使你陷入尴尬局面。

总之，对待残疾人与对待一般正常人是不同的，要多一些理解、关心和耐心，一定要用正常的心态和平等的态度与他们交往。

志愿者礼仪

根据国际惯例，凡是具有重大公益性质的活动、赛事、展览、宣传等，都可以引入一部分志愿者来承担部分服务性或宣传性工作，这也是举办方解决人手问题的一个良好渠道。对于像残疾人奥运会这样的特殊赛事，由于比赛参与者甚至包括部分观众身份的特殊性，志愿者的作用就会显得尤为重要。

志愿者的礼仪水准绝不仅仅代表志愿者本人，更代表了国家的总体水平，因此，志愿者本人一定要有一种使命感和责任心，这是志愿者各项素质和技能的前提。只有具备了这样的奉献精神和参与意识，才能在任何时候都表现出任劳任怨的全局意识和团队精神。志愿者的礼仪具体表现在以下几个方面：

1.体态礼仪

较之于正式工作人员，志愿者的最大特点表现为热情，这体现了志愿者本人对该活动的参与意识，体现了设立志愿者制度的原本意义。因此，志愿者务必要保持一个良好的精神面貌和得体热情的精神状态，积极、热情、投入应该时时写在志愿者的脸上。即使这种热情没有得到应有的回应，也不要有情绪，要做到"热情而不求回应"。志愿者将面临一些意想不到的困难和艰苦的工作，应该有足够的心理准备，在身心疲惫的情况下，调整好自己的心态，保持最佳的精神面貌和仪表体态。

2.仪容、仪表、仪态礼仪

作为祖国精英人才的代表，志愿者值岗期间会接待来自全世界各个国家和地区的客人，其举手、投足都会透露出志愿者本人的文明礼仪水准，应该格外注意自己的仪容、仪表、仪态，应做到站有站相，坐有坐相，走有走姿。尤其是在礼宾部门服务的志愿者，更应该严格要求自己，规范自身的仪容、仪表、仪态，并以此为自豪。

3.上下级礼仪

作为一个临时性岗位的工作者，志愿者应虚心接受正式工作人员的领导和调配，并视正式工作人员为自己的上级。在值岗期间，志愿者应该时时注意表现出对上级的尊重，维护正式工作人员的形象和权威，并表现出足够的礼让和服从。志愿者一旦与正式工作人员发生争执，应自觉保留意见并无条件服从正式工作人员的领导。

4.团队合作礼仪

志愿者值岗期间一定要表现出团队合作的礼仪，并且意识到任何一个独立的岗位都是总体的一部分，只有顾全大局，讲究团队合作，才是完成整体工作的方式。志愿者要甘心做一些繁杂琐碎的事务性工作，不计较个人得失，要有勇气面对并接受可能产生的委屈和误解，始终忠实于自己的工作岗位。本位主义、小集团利益甚至自私自利的行为都是应该摒弃的。

5.公共礼仪

志愿者值岗期间应该注意公共礼仪，遵守社会公德，如保持环境卫生、扶老携幼、礼让他人、维护交通秩序等。志愿者在公共礼仪方面的身体力行和以身作则可以对公众形成巨大的榜样力量，更会使得志愿者工作本身的意义得到升华。当然这些公共礼仪和社会公德心的展现，并非一定要在值岗期间，志愿者的言行在任何时候对公众都具有影响力。

6.语言礼仪

志愿者的言谈举止要文明得体。作为一个具有社会责任感的人应该善于利用各种场合去宣传和引导人们关注那些没有注意到的细节。得体的微笑、文明的语言、适当的肢体语言，都应该是志愿者们最自然的铭牌。

7.志愿者的礼仪禁忌

志愿者在值岗期间要格外注意不要触犯以下礼仪禁忌：

1）越位

所谓志愿者越位，是指志愿者的行为超越了志愿者应有的言行。志愿者的全部工作是提供辅助和义务服务，相对于正式工作人员，志愿者处于从属地位，所以，志愿者不能超越自己的角色定位去行事。

志愿者的越位现象主要有以下四种形式：

①决策越位。相对于正式工作人员，志愿者应发挥参谋、助手的作用，只能"谋"，不能"断"，不可擅做主张或者反辅为主。

②表态越位。志愿者表态只能代表个人，确实需表态时，应经正式工作人员授权以组织的名义表态，否则会陷入误区。

③工作越位。志愿者和正式工作人员各有职责范围，不能互相替代。属于正式工作人员出面的工作，志愿者绝不能抢着去做。

④社交越位。当志愿者与正式工作人员参加社交活动时，志愿者应突出正式工作人员，自己甘当配角，退居"二线"，不要过于显眼，不要过于活跃、张扬，过多显示自己。

2）重利专权

志愿者在正式工作人员身边工作，在得到正式工作人员的信任后被委以重任，但即便如此，也并不等同于正式工作人员。切记不能为了显示自己的重要性，随便讲话、出风头，甚至索要名利。这样不仅影响人际关系，而且影响了工作，是志愿者必须避免的。

3）斤斤计较

有些志愿者对于自己承担的工作会不满意，或者热衷于与不同岗位的志愿者进行横向比较，或者对某些待遇斤斤计较，这是应该摒弃的。志愿者本身就意味着奉献，更意味着个人价值观的实现。如果过于在乎个人得失，容易在攀比中心理失衡，会严重毁坏志愿者的形象，进而给整个团队带来负面影响。

4）不修边幅

衣着仪表对一个人而言就如同商品的包装，显示着自己的职业和品位。一个衣着得体、举止优雅、办事干练、待人亲切有礼又性情稳重的志愿者，能让人产生信任感。所以，志愿者应格外注重自己的仪表风度。

非言语交际技巧

如果问一个不善交际的人，为什么不善交际，他们多半会回答口才不好。他们以为只要有了流利、幽默的言辞就可以有效地与人交往了，因而不断在语言上下工夫。其实，这种看法是片面的。在日常生活中，我们常常可以见到这样的情形：一位知识渊博、口才极佳的教授，尽管他可以滔滔不绝地讲出如何做人的道理，可总是打动不了他那凶暴的儿子，为什么呢？因为这位教授没有注意到在他讲话的过程中，其儿子嘴巴翘起，脸转向一旁，眼观他处，露出了厌烦、不屑一顾的神态。

因此，要有效与人交往，一方面要具备很好的言语表达能力，另一方面也需要了解对方的姿态、眼神、手势、表情等非语言的信号。英国心理学家米谢尔·阿盖依等人在1970年曾做过一个实验，实验表明，语言信号和非言语信号所代表的意义不一致时，人们相信的是非言语信号所代表的意义，而且非言语交际对交际的影响是语言的43倍。还有一些心理学家也发现，表情所传递的信息在一次交往所传递的信息中占到55%，而言语仅占7%。

不善交际者在非言语交际上所存在的交际障碍有两点：一是对非言语信号的编码差，即不能用非言语信号(如眼神、躯体语言等)来很好地表达自己的感受，不会用非言语信号来辅助言语交际。害羞的人即是典型的例子。害羞会使一个人尚未开口就心跳加快、满脸发红，原本想好的话也会飞到九霄云外，更谈不上用眼神、姿态、手势来打动对方了。二是对非言语信号的译码差，即不能灵敏地感受到或了解对方非言语信号所代表的意义，前面提到的那位教授就是典型的例子。

柴斯特·菲尔曾经说过："在世界的知识中，最需要学习的就是如何洞察他人。"如果把交际中的语言比作是陆地，那些非言语信号就是海洋，海洋比陆地更广阔、更深远、更深奥，要想有效地与人交往就必须充分利用这些资源，必须了解非言语的信号所代表的意义。美国、英国、日本等国的学者曾对非言语交际进行了大量的研究，有的甚至编写了人体动作词典。所有的研究都表明，非言语的信号都代表着一定的意义，掌握这些意义会增进双方的交往，使交际更有效。

电话礼仪

电话形象礼仪

电话不仅仅是一种传递信息、获取信息、保持联络的寻常工具，也是个人的形象的一个载体。所谓电话形象，即人们在通电话的整个过程之中的语言、声调、内容、表情、态度、时间感等的集合。它能够真实地体现出个人的素质和待人接物的态度。

与日常会话和书信联络相比，接打电话具有即时性、经常性、简捷性、双向性、礼仪性等较为突出的特点。电话的礼仪性特点是指不论是打电话还是接电话，都必须以礼待人，克己敬人。假如不注意在使用电话的过程中讲究礼貌、先敬于人，无形之中将会使自己的人际关系受到损害。

电话形象是人们在使用电话时的种种外在表现，是个人形象的重要组成部分。人们常说"如闻其声，如见其人"，说的就是声音在交流中所起的重要作用。通话时的表现是一个人内在修养的反映，电话交流同样可以给对方和其他在场的人留下完整而深刻的印象。一般认为，一个人的电话形象如何，主要由他使用电话时的语言、内容、态度、表情、举止等多种因素构成。那么怎样给人一张得体的"声音名片"呢？无论在哪里，接听电话最重要的是传达信息，所以打电话时要目的明确，不要说无关紧要的内容。语气要热诚、亲切，口音清晰，语速平缓。电话语言要准确、简洁、得体。音调要适中，说话的态度要自然。

使用电话通讯，有主动地拨打电话与被动地接听电话之别。从礼仪方面来讲，拨打电话与接听电话时有着各自不同的标准作法。以下就分别对其加以介绍。

1.这个电话该不该打。需要通报信息、祝贺问候、联系约会、表示感谢等时候，都有必要利用一下电话。而毫无意义、毫无内容的"没话找话"式的电话，则最好不要打。即使非常的想打电话聊聊天，也要两厢情愿，要先征得对方首肯，并选择适当的时间。不要在单位打私人电话。在公用电话亭目中无人地煲电话粥，也是做人极不自觉地表现。

2.这个电话应当何时打。不要在对方刚上班、快下班、午休或快吃午饭时，不识时务地把电话打过去。因紧急事宜打电话到别人家里去，通话之初先要为此说声"对不起"，而且尽量不要在对方用餐、睡觉、过节、度周末时这样做。

3.这个电话的内容应当如何准备。电话被称为"无形造访的不速之客"。在很多情况下，它都有可能打扰别人的正常工作或生活。因此，打电话的人一定要有一个明确的指导思想，除非万不得已，每次打电话的时间不应超过三分钟。在国外，这叫作"通话三分钟原则"，已为大家所广泛遵守。有鉴于此，在打电话前，为节省时间，一定要去粗取精，条理清晰地预备好提纲。届时，应根据腹稿或文字稿来直截了当地通话。若拨通电话时对方正忙，则不应强人所难。可以另约一个时间，或过一会儿再打。

在打电话时，对一个人的电话形象影响最大的，应首推他自己的语言与声调。从总体上讲，应当简捷、明了、文明、礼貌。

在通话时，声音应当清晰而柔和，吐字应当准确，句子应当简短，语速应当适中，语气应当亲切、和谐、自然。不要在打电话时为自己的情绪所左右，要么亢奋激动，一上来就"力拔山兮气盖世"，像一位草莽英雄一般地大声吼叫，震耳欲聋；要么情绪低沉，断断续续，小声小气地如同耳语或哀怨一样，让对方干着急也听不清楚。

电话语言礼仪

1.用语文雅、态度礼貌友善

通话过程中，为了不影响他人的正常工作，通话双方都应对自己的说话音量和方式加以控制。既不可大声叫嚷、高声谈笑，从而打断他人工作思路，也不可窃窃私语，鬼鬼祟祟，无端吸引他人注意。

除了用语要文雅外，通话人的举止亦应保持文雅。话筒要轻拿轻放，不宜用力摔挂。通话时应避免过分夸张的肢体动作，以防带来嘈杂之声。从构筑良好形象的愿望出发，电话用语应该善待他人，多用肯定语，少用否定语，酌情使用模糊语；多用致歉词和请托语，忌用生硬、傲慢的语言。

2.信息内容简洁

电话用语要言简意赅，把需要陈述的内容用最简洁明了的语言表达出来，给人留有一个精明干练的形象。通话忌说话吞吞吐吐、含糊不清、没有主题。正确的做法是：问候客套完毕，即开门见山，直奔主题，不讲空话、废话。

3.语调温婉、语速适中

通话时语气的把握至关重要，因为它直接反映着通话人的态度。语气温和、亲切、自然，往往会使对方对自己心生好感，从而有助于交往的进行。为确保信息的准确传递，通话人在通话过程中应当力求发音清晰、咬字准确、音量适中、语速平缓。要做到这一点，通话人应当在细节问题上予以充分注意。例如通话过程中始终使话筒与嘴部保持2~3厘米的间距，就能有效保证音量的适度。如果自己说话带有口音，或察觉到对方听着较困难，就应有意识地调整语速和音量；如果由于种种原因听不太清对方的话，则应委婉地告诉对方，等对方调整过来后再向对方致谢，切不可抱怨对方。

4.用语礼貌

用语是否礼貌，是对通话对象尊重与否的直接体现，也是个人修养高低的直观表露。要做到用语礼貌，就应当在通话过程的始终较多地使用敬语、谦语。通话开始时的问候和通话结束时的道别，是必不可少的礼貌用语。

通话人开口的第一句话事关自己留给对方的第一印象，因此要慎重对待。一句"您好"可以让对方备感自然和亲切。

通话过程中，通话人应当根据具体情况适时选择运用"谢谢""请""对不起"一类的礼貌用语；通话结束时须说"再见，"若通话一方得到了某种帮助，则应不忘致谢。